끊어진 사다리

각자도생하는
평생·직업교육·훈련

각자도생하는 평생·직업교육·훈련

끊어진 사다리

Broken Ladder

RESET 정론 ESSAY 3

김환식 지음

이제는 평생직업교육훈련의 시대이다

끊어진 사다리와 각자도생하는 학습자들!!

진로와 경력은 단절되고, 학습은 인정받지 못한다.
정부의 관료이익 추구가 학습자의 각자도생을 초래하고 있다.

PROLOGUE

끊어진 사다리와 각자도생하는 학습자들: 잃어버린 학습권과 학습복지를 찾아서

한때 교육은 '희망의 사다리'로 불렸다. 누구나 노력하면 더 나은 삶으로 나아갈 수 있다는 믿음, 그리고 그 믿음을 가능하게 하는 사회적 장치로서 교육이 작동했다. 그러나 지금 우리는 그 사다리가 끊어졌거나, 애초부터 일부만을 위해 존재해 왔음을 목격하고 있다. 진로는 연결되지 않고, 경력은 단절되며, 학습은 다음 단계로 이어지지 않는다. 무엇보다, 학습의 권리와 평생학습을 뒷받침할 구조 자체가 희미해진 상황이다.

우리 사회는 오랫동안 '학교 교육' 중심의 교육정책을 설계해 왔다. 학령기 교육은 비교적 체계적인 정책적 뒷받침을 받아왔고, 교육격차와 기회 불평등에 대한 논의도 주로 학교 안에서 발생하는 문제에 집중되었다. 하지만 실제 격차는 노동시장 진입 이후부터 훨씬 더 뚜렷하게 나타나며, 이후 생애 전반에 걸쳐 누적된다. 그럼에도 학교 이후의 교육은 국가정책에서 구조적으로 무시되어 왔다.

이 책에서 말하는 '끊어진 사다리'는 바로 이 지점을 가리킨다. 단순한 은유가 아니다. 직업교육, 학교 교육을 벗어난 이후의 학습으로 불리는 평생교육, 그리고 직업훈련이라는 영역이 상호 연계되지 않고, 생애 경로와도 연결되지 않은 채 흩어져 있는 구조를 말한다. 진로는 단절되고, 경력은 축적되지 않으며, 학습은 공식적으로 인정받지 못한다. 하나의 제도나 정책이 다음 단계로 자연스럽게 이어지지 않는 구조 속에서 국민은 각자의 위치에서 무언가를 배우고 준비하지만, 그 학습이 어디로 이어질 수 있을지 예측하거나 설계하기 어려운 상황에 놓인다. 마치 엇갈린 사다리처럼, 학습의 흐름은 정책 간 단절, 제도 간 불일치, 기관 간 분산 속에서 흐트러지고 만다.

진로와 경력의 단절, 학습의 불인정

이 책은 진로교육에서 시작해 성인 진로교육으로 끝난다. 처음과 끝이 모두 '진로'를 다루는 것은 의도적이다. 직업교육이든, 훈련이든, 평생교육이든 결국 핵심은 진로와 경력 개발을 어떻게 설계하고, 어떻게 지원할 수 있는가에 달려 있기 때문이다. 그러나 지금의 제도는 그 핵심을 제대로 연결해 주지 못하고 있다.

학습의 다양성은 확대되고 있지만, 그 학습이 실질적인 경력으로 전환되지 않는다면, 학습자는 반복적으로 출발선에 서야 하는 현실에 놓인다. 어떤 이들은 직장에서의 경력이 단절된 후 전혀 다른 경로로 이동하며, 이전의 경험이 제도적으로 인정되지 않거나 공식 기록에 남지 않기 때문에, 경력은 축적되지 않고 초기화되기 일쑤다. 어떤 경우는 전혀 다른 경력으로 전환하기도 한다. 이때 과거의 경력은 의미 없이 사라져 버린다. 우리나라 자영업 종사자의 한 단면이기도 하다.

진로의 사다리는 곳곳에서 끊겨 있다. 예를 들어, 특성화고에서 시작된 진로는 고등교육, 직업훈련, 자격체제와 제대로 연결되지 않는다. 대학 밖에서 진행되는 수많은 교육활동은 평가나 인증, 자격으로 이어지지 않는다. 다시 일하려는 여성, 경력 전환을 시도하는 중장년, 생애 후반기를 준비하는 노인은 제도적으로 단절된 지형 위에서 각자 판단하고 선택하며, 불완전한 정보와 불완전한 제도를 온몸으로 감당해야 한다.

학습자의 선택은 '자유'가 아니라 '방치'의 결과

학점은행제, K-MOOC, 검정고시, RPL(경험학습 인정) 등은 겉으로는 다양한 선택지를 제공하는 듯 보이지만, 그 선택은 학습자 개인에게 전적으로 책임이 전가된 구조이다. 어느 제도에서 학습을 시작하든 다음 단계로의 연결은 학습자가 스스로 정보를 수집하고, 비용을 감당하고, 불완전한 시스템을 통과해야 하는 불안하고 험난한 여정이다. 이것이 바로 '각자도생'의 구조적 의미이다.

부처와 기관의 각자도생이 학습자의 각자도생으로 귀결

이러한 단절은 우연이 아니라, 정책 설계와 운영이 분절적으로 작동한 결과이다. 직업교육은 교육부, 직업훈련은 고용노동부, 평생교육은 각 부처와 지자체, 산하기관이 각각 맡고 있으며, 이들 사이에 정책 간 연계와 경로 설계는 거의 이루어지지 않는다. 각 부처는 국민의 삶보다 기관의 생존과 예산확보, 영향력 확대라는 관료적 이익에 따라 정책을 운용한다. 즉, 먼저 각자도생을 택한 것은 오히려 정부와 그 산하기관들이다.

이에 따라 학습자는 제도 사이에서 방향을 잃는다. 유사한 목적을 가진 학습 제도일지라도 운영 주체와 인정 방식, 비용 부담 구조가 달라 전환이 어렵고, 학습경로는 학습자가 알아서 구성해야 한다. 정부는 이를 '선택권 보장'과 '유연성 확대'로 설명하지만, 실제로는 공적 책임의 회피이자, 정책 연계의 실패이다. 학습자가 받는 지원은 불완전하며, 많은 경우 국가가 설계한 체계가 아니라 개인이 만든 우회로를 통해 진로를 개척하고 있다. 자신만의 생존 경로를 만들어 가고 있다.

그 결과, 국가가 보장해야 할 학습권은 개인의 전략과 비용 부담으로 전가되었고, 학습복지라는 말은 정부 문서 속 수사로만 남게 되었다. 청년은 반복된 출발선에 서고, 중장년은 경력의 재구성을 스스로 감당하며, 노인은 학습을 누릴 권리조차 보장받지 못한다. 이 모든 상황은 결국 공공성이 사라진 평생·직업교육·훈련 체계의 구조적 결과이다.

끊어진 사다리를 다시 연결?

이 책은 이러한 문제의식을 바탕으로 주요한 평생·직업교육·훈련 제도와 정책을 짚어보며, 그것이 실제로 학습자의 삶에 어떤 기회를 제공하고 있으며, 동시에 어떤 한계를 내포하고 있는지를 점검하고자 한다. 진로교육에서 시작해 성인 진로교육까지 이어지는 총 30개의 주제는 단편적인 제도 소개가 아니라, 국가가 학습자에게 무엇을 보장하고 있지 못한가를 보여주는 구조적 비평의 결과물이다. 그리고 대안의 꾸러미들이다.

각 제도는 하나의 조각처럼 보일 수 있지만, 실제로는 한 사람의 생애 안에서 겪는 진로 설계, 경력 개발, 학습 인정의 연속선 위에 있는 것들이다. 이 연속성이 제도로, 정책으로, 사회적 책무로 연결되지 않는다면, 우리는 앞으로도 끊어진 사다리 속에서 각자도생을 반복하게 될 것이다.

'끊어진 사다리'를 다시 잇는 일은 새로운 정책 하나를 더 만드는 것으로는 불가능하다. 우리는 지금 교육과 복지, 노동과 경력, 학습과 자격을 유기적으로 연결하는 새로운 사회 설계를 요구받고 있다. 그것은 학습을 권리로 선언하고, 그 권리를 생애 전반에 걸쳐 체계적으로 실현할 수 있는 공적 기반으로 구축하는 일이다. 학습은 선택이기 이전에 존엄을 위한 조건이며, 그 존엄을 지키는 책임은 개인뿐만 아니라 국가와 사회에도 있다. 이 책이 그 책임을 다시 묻고, 그 설계를 다시 상상하는 출발점이 되기를 바란다.

다시 묻고 싶다! 당신은 어떤 사회에서 살고 싶으십니까?
학습권과 학습복지가 보장되는 사회와 국가!
우리의 선택의 결과이다.

목차

PROLOGUE

끊어진 사다리와 각자도생하는 학습자들:
잃어버린 학습권과 학습복지를 찾아서

진로교육과 진로지도,
단지 직업 찾아주는 활동인가? ... 14

대안학교,
제도 밖에서 공공성을 찾다? ... 20

마이스터고, 여전히 유효한가?:
초창기 정책 담당자의 회고와 새로운 구조를 위한 제언 ... 26

특성화고,
직업교육의 정체성 회복이 시급하다! ... 31

협약형 특성화고, 별도의 학교인가?
아니면 특성화고의 기본 모델인가? ... 37

산학 일체형 도제학교,
'도제'를 붙이기 어색한 학교 ... 45

IP 마이스터 프로그램,
기술교육의 혁신적 방법론이자 직업계고의 자존을 위한 시도:
기능에서 창의로, 학습자에서 발명가로 ... 50

보론 1. 고교 직업교육 체제의 전면 개편 방안
보론 2. 우리나라와 호주의 VET 시스템 비교

대한민국 직업교육의 나침반 NCS,
이상과 현실, 그리고 나아갈 길 74
보론 3. NCS는 앞으로 어떻게 바뀌어야 하는가?

전문대학, 고등교육기관인가? 고등직업교육기관인가?:
7개의 질문으로 본 전문대학 제도의 이중성 89

시간제 등록생 제도,
고등교육인가? 평생교육인가? 99

학원,
사교육인가? 제도 밖 공교육인가? 104

선취업 후진학,
일과 학습은 공존할 수 없는가? 113

학점은행제:
학위 취득과 상업화로 변질된 제도 121

선행학습경험평가인정(RPL),
제도는 생겼지만, 책임은 없는 제도 128

독학사 제도,
고등교육의 본질을 묻다 133

평생교육사 자격,
설계가 제대로 되었는가? 139

기업은 학위 수여의 주체가 될 수 있는가?:
사내대학과 기술대학의 문제 143

방송대학, 사이버대학, 원격대학,
그리고 대학 온라인과정의 무질서한 공존,
이제는 통합을 생각할 때 148

학습휴가,
시혜인가? 권리인가? 155

학습 바우처를 넘어선
새로운 재정지원 시스템이 필요하다 161

「평생교육법」의 위기:
제도의 과잉, 질서의 부재 168

보론 4. 대학의 평생교육기관화 방안

기능경기대회, 이제는 기능교육의 축제로 다시 설계해야:
엘리트 중심 선발구조에서 기능교육을 강화하는 기제로 삼아야 181

보론 5. BEAR 프로젝트와 나미비아 기능경기대회의 기억:
우리가 만들어 놓고 남에게 넘긴 기회

과정평가형 국가기술자격,
검정 권력의 유지 수단? 191

보론 6. 과정평가형 자격, 과연 NCS 기반인가?

자격은 왜 더 이상 자격이 되지 못하는가?:
한국의 국가자격제도, 다시 쓰여야 할 때 202

보론 7. 자격 없는 사회를 상상하자: 국가자격제도 폐지 이후를 위한 설계

직업능력 개발 정책,
이제는 틀을 바꿔야 할 때이다:
정부의 역할, 산업계의 책임, 그리고 학습자의 권리 사이에서 221

분절된 부처별 인력 양성 체계, 학습의 단절을 불러온다:
역량 개발의 총체적 통합과 학습자 중심 설계가 필요하다 230

고용보험제도는
누구의 것인가? 237

전 국민 학습 바우처(Voucher)로 변질된 국민내일배움카드:
포장만 바뀐 고용보험 기반 훈련 제도의 한계 243

노인교육, 삶의 마침표가 아닌 또 하나의 출발점:
복지 프레임을 넘어, 제3의 교육 기회를 향해 249

성인의 진로교육과 지도,
직업안정이 핵심인가? 255

보론 8. 진로교육의 패러다임 전환, 그 방향과 내용

EPILOGUE

교육과 학습의 사다리를
다시 잇기 위하여

진로교육과 진로지도, 단지 직업 찾아주는 활동인가?

　한국 사회에서 진로교육과 진로지도는 오랫동안 '학생들에게 직업을 소개하고, 잘 선택할 수 있도록 도와주는 활동'이라는 협소한 인식 아래 운영됐다. 이 같은 인식은 진로교육이 마치 직업 체험, 직업 정보 제공, 취업계획 수립 등의 활동으로만 축소된 현실에서도 확인된다. 실제로 「진로교육법」 제1조는 진로교육의 목적을 "변화하는 직업 세계에 능동적으로 대처"하는 데 두고 있으며, 제2조에서는 진로교육을 "직업 세계 이해 및 탐색"을 중심으로 정의하고 있다. 이러한 규정은 진로교육의 본래 의미를 지나치게 직업 중심으로 국한했다는 비판을 받기에 충분하다.

그러나 진로(Career)는 단지 직업(Job)이나 특정 직무를 의미하는 것이 아니라, 삶의 전체적인 설계, 다시 말해 개인이 어떻게 학습하고, 어떤 일에 참여하며, 삶의 의미를 어떻게 형성해 나갈 것인지에 대한 총체적 경로를 의미한다. 국제기구(OECD, UNESCO, EU 등)는 Career 개념을 '일자리'가 아니라 '삶의 경로(Life Trajectory)'로 재정의하고 있으며, 진로교육(Career Education)은 학생이 자기 자신을 이해하고, 선택 가능한 다양한 경로를 탐색하며, 의미 있는 결정을 내릴 수 있도록 돕는 전인적 과정으로 본다. 진로지도(Career Guidance) 또한 단순한 정보 제공이나 상담 활동이 아니다. 진로지도는 학습자 스스로가 자신의 삶을 주체적으로 설계할 수 있도록 지원하는 통합적 체계여야 하며, 그 핵심은 선택의 역량, 전환의 역량, 회복의 역량을 포함하는 Career Management Skills(CMS)를 기르는 데 있다. 이는 단순히 직업을 연결해 주는 시스템이 아니라, 학습자가 자신의 삶을 스스로 기획하고 책임질 수 있는 자기 설계

능력을 키우는 데 집중해야 한다는 뜻이다.[1][2]

중요한 점은 진로교육이 학생의 나이와 발달 단계에 따라 달라져야 한다는 것이다. 예를 들어 중학생의 진로교육은 자아 이해와 탐색 중심이어야 하고, 고등학생은 선택과 학습 설계 중심으로 전환되어야 한다. 중학교 시기의 진로교육은 자유학기제를 포함한 다양한 체험 활동과 결합하는데, 여기서 핵심은 '어떤 직업을 선택할 것인가'보다는 '나는 누구인가?'에 대한 성찰과 자기 이해가 우선되어야 한다. 이는 직업 세계의 준비 이전에 자아의 주인이 되는 훈

---

1) OECD(2004)는 「Career Guidance: A Handbook for Policy Makers」 보고서에서 Career Guidance를 다음과 같이 정의하고 있다. "Career guidance refers to services and activities intended to assist individuals, of any age and at any point throughout their lives, to make educational, training and occupational choices and to manage their careers. Such services may be found in schools, universities and colleges, in training institutions, in public employment services, in the workplace, in the voluntary or community sector and in the private sector".

2) UNESCO(2021)는 『Investing in Career Guidance, Revised Edition 2021』에서 Career Guidance를 다음과 같이 정의하고 있다. "Career guidance describes the services which help people of any age to manage their careers and to make the educational, training and occupational choices that are meaningful for them. It helps people to reflect on their ambitions, interests, qualifications, skills and talents - and to relate this knowledge about who they are to who they might become in life and work. The overall aim of career guidance is to develop the capacity of individuals to manage their careers (known as 'career management skills'). It involves a range of connected learning activities that help people to access services, resources and experiences related to employment and further education and training. These include provision of: careers education, careers information, individual and group guidance/counselling, skills assessment and psychometric testing, engagement with employers, and the development of skills needed for job seeking and self-employment".

련이 필요하다는 교육적 요청이기도 하다.

특히 중학교에서 고등학교로의 이행은 매우 중요한 진로 결정의 분기점이다. 고등학교의 계열에 따라 이후 경로가 실질적으로 정해지기 때문이다. 예를 들어 직업 고등학교에 진학하는 경우, 학생의 진로 방향은 상당 부분 조기 결정되며, 이후의 진로 전환은 상대적으로 어렵거나 조건부로 가능해진다. 반면 일반 고등학교로 진학하면 진로 탐색의 여지가 더 많이 열려 있고, 대학입시와 연계된 다양한 경로 설계가 가능하다. 따라서 일반고에서는 고교학점제와 연계된 진로 탐색 중심의 과목 선택과 학업 설계가 매우 중요한 요소가 된다. 이는 단지 과목 선택의 문제가 아니라, 진학과 직업, 학습과 삶의 의미를 연결 짓는 자기 설계 능력의 핵심 과정이다.

직업고 역시 고교학점제를 운용하지만, 그 방식과 목적은 다르다. 직업고의 고교학점제는 학습의 세부 경로를 구체화하고, 특정 자격 취득을 준비하며, 취업 또는 후(後)학습(또는 후진학)에 필요한 직무 역량을 길러내는 데 초점을 둔다. 즉, 이미 진로가 상당 부분 결정된 상태에서 그 경로를 구체화하고 완성하는 기능을 수행한다. 하지만 이러한 구조 속에서도 진로의 유연성은 확보되어야 하며, 진로 전환의 가능성을 제도적으로 열어놓는 장치가 필요하다. 학과 변경, 일반고로의 전·편입, 상급학교 진학 등은 그 예가 될 수 있다. 마찬가지로, 일반고 학생들도 이후 직업 계열로의 이동이나 직업훈련을 고려할 수 있어야 하며, 이는 곧 고등학교 단계 전체가 종합고(Comprehensive High School)의 성격을 띠어야 함을 의미한다.

즉 고교학점제는 진로교육과 불가분의 관계이다. 고교학점제의 핵심은 학생이 스스로 과목을 선택하고 자신만의 학업 경로를 설계해 나가는 것이지만, 이를 실현하기 위해서는 학업 설계 지도(Learning Design)와 진학 및 경력 설계(Career Design)가 진로교육 안에서 통합적으로 작동해야 한다. 진로교육은 단지 '어떤 직업을 선택할 것인가'가 아니라, 무엇을 배우고, 어떻게 공부하며, 그 학습이 어떤 삶과 연결될 것인가를 설계하는 과정으로 보아야 한다. 이 관점에서 진로교육은 곧 '학습 설계 교육'이며, 진학지도와 학업지도, 취업지도는 모두 진로교육의 구성요소가 되어야 한다.

하지만 지금 우리나라 진로교육의 가장 근본적인 문제는 Career를 지나치게 직업(Occupation)과 동일시하고 있다는 점이다. 이에 따라 진로교육이 너무 일찍부터 '직업 찾기'로 기울게 되고, 학생들은 직업을 못 정했다는 불안에 빠지며, 교육은 오히려 삶을 설계할 기회를 박탈하게 된다. 진로교육은 삶의 가능성을 여는 창이지, 직업으로 빨리 진입시키는 좁은 문이 되어서는 안 된다.

결론적으로, 진로교육과 진로지도는 직업을 찾아주는 활동이 아니라, 개인이 자신의 삶을 설계하고 의미 있는 경로를 선택하며, 이를 실현해 나갈 수 있도록 돕는 교육과 실천의 체계이다. 진학지도도, 학업 설계 지도도, 취업지도도 모두 진로라는 큰 그림 속에서 유기적으로 설계되어야 하며, 이를 위해서는 Career에 대한 개념부터 다시 정립할 필요가 있다.

Career는 진로이자, 직업이며, 경력이자 학습이다.

대안학교,
제도 밖에서 공공성을 찾다?

　대안학교는 일반 학교와는 다른 방식으로 운영되는 교육기관이다. 학생 개인의 특성과 필요에 따라 다양한 교육 내용과 교육 방법을 적용하며, 시험과 입시 중심의 경쟁보다는 아이들의 삶, 경험, 성장을 중시한다. 말 그대로 '대안'이라는 말처럼, 표준화된 공교육 시스템에 대한 하나의 대안이자 보완 체계로 자리 잡아 왔다.

　법적으로는 「대안교육기관에 관한 법률」에 따라 '대안교육기관'이라는 이름으로 등록되기도 하며, 「초·중등교육법」상 '각종학교'의 형태로 인가받기도 한다. 그러나 현실에서는 상당수 대안학교가 '미인가' 상태로 운영되고 있으며, 법적 인정이나 행정적 지원이 부족한 실정이다.

2024년 5월 기준, 교육부는 대안학교를 '대안교육 특성화 학교'로 분류하고 있다. 공립·사립을 포함해 중·고등학교 단계의 대안교육 특성화 학교가 전국적으로 50여 개에 이른다. 그러나 이 숫자는 전체 대안학교의 일부에 불과하며, 비공식적으로 수많은 미인가 대안교육시설이 지역사회 곳곳에서 운영되고 있다. 예를 들어, 충남 지역에는 여해학교(중, 공립), 드림학교(고, 사립), 충남다사랑학교(고, 사립)와 같은 대안학교들이 존재한다. 이들은 정규 교육과정 대신 체험 중심, 공동체 기반, 예술적 접근, 종교적 신념 등에 따라 교육과정을 구성하고 있으며, 소수의 학생이 안정적인 관계 속에서 학습할 수 있도록 돕고 있다.

이름뿐인 제도화와 국가의 이중적 태도

가장 큰 문제는 국가가 대안학교를 제도권 내로 편입하려 하면서도, 그 본래의 철학과 특성을 제대로 인정하지 않고 있다는 점이다. 대표적인 사례가 '대안교육 특성화 학교'라는 이름이다. '특성화'는 원래 직업교육이나 예체능 중심 교육을 지칭하던 용어인데, 이를 대안교육에 억지로 적용하면 대안학교가 가진 철학과 실험정신을 희석하게 된다. 이는 제도화가 아니라 동일화, 그리고 통제에 가까운 접근이다.

또한, '인가-미인가'라는 이분법적 구분도 문제다. 인가받지 못한 대안학교는 학력 인정은 물론, 재정지원, 교사 보호 등 기본적인 행정 지원을 받을 수 없다. 그러면서도 국가 기준을 따르지 않으면 공식 지위를 인정하지 않는 이중 구조가 유지된다. 이는 '자율성은 너희가 알아서 하되, 보호받으려면 기준을 따라라'라는 식의 국가주의 논리이며, 대안교육의 고유한 다양성과 실험성을 원천적으로 제약하는 구조다.

더 큰 문제: 여가부와 교육부의 이원화된 정책 구조

대안학교와 밀접하게 연결된 '학교 밖 청소년' 정책을 살펴보면, 행정 체계의 또 다른 문제점이 드러난다. 학교 밖 청소년은 중도 탈락하거나 자퇴한 청소년들, 정규 학교에 진학하지 않은 청소년들을 포함한다. 이들의 복지와 지원 정책은 「학교 밖 청소년 지원에 관한 법률」에 따라 여성가족부가 담당하고 있다. 지방에서는 일반 행정관서가 담당한다.

반면, 대안교육기관에 대한 등록과 관리는 교육부와 시도교육청이 맡고 있다. 이에 따라 정책은 기능별로 쪼개지고, 행정 협력은 사실상 이루어지지 않는다. 교육부는 여전히 '정규 학교'를 중심으로 움직이며, 학교 밖 청소년들을 위한 '대안적 교육 설계'에는 거의 손을 대지 않고 있다. 여가부는 복지적 접근을 강조하나, 교육적 전문성은 부족하다.

이렇게 '교육은 교육부, 복지는 여가부' 식으로 나뉜 이원화 구조는 정작 학교 밖 청소년에게는 큰 도움이 되지 않는다. 두 부처는 각자의 틀에 갇혀 있으며, 공동으로 학습권을 보장하는 협력 체계는 부재한 상태다.

이러한 문제를 해결하기 위해서는 몇 가지 근본적인 방향 전환이 필요하다.

① **명칭과 유형 정비**: 대안학교를 '특성화 학교'로 묶는 것은 부적절하다. 대신 '자율학교군' 또는 '공적 대안학교군'이라는 새로운 분류 체계를 통해 그 정체성을 분명히 해야 한다. 이는 단순한 언어의 문제가 아니라, 정책 방향의 문제다.

② **인가-미인가 구분 폐기+등급제 도입**: 학교를 단순히 인가·미인가로 구분하는 방식은 시대착오적이다. 대안학교의 다양성과 실험성을 인정하면서도, 공공적 책무 이행 정도에 따라 단계적 지원을 받을 수 있도록 등급제를 도입할 필요가 있다.

③ **여가부-교육부 공동 협의체 구성**: 학교 밖 청소년에 대한 접근은 교육과 복지를 아우르는 통합적 정책이 되어야 한다. 교육부와 여가부가 공동으로 참여하는 정책협의체를 만들어야 하며, 이를 통해 청소년의 삶 전반에 걸친 학습권 보장을 추진해야 한다. 아동 돌봄을 교육부로 일원화했듯이, 학교 밖 청소

년에 대한 교육도 일원화하는 것도 검토가 되어야 한다. 이는 교육부의 조직 개편이 필요함을 의미한다. 지방교육자치에 대한 재개념화도 요구된다.

④ **학습권 중심의 공적 인증 체계 도입:** 더 이상 학력 인정 여부에만 교육의 가치를 묶어서는 안 된다. 대안학교에서 이뤄지는 다양한 배움은 학습기록, 경험, 역량 중심의 인증 체계를 통해 공식화할 수 있어야 한다. 이것이야말로 공교육 바깥에서도 공공성을 확보할 수 있는 핵심이다.

정리하면

대안학교는 단순히 '다른 학교'가 아니다. 그것은 우리 교육이 놓치고 있는 것들을 되돌아보게 하는 거울이며, 획일화된 공교육 시스템의 틈새에서 피어난 생존의 증거이다. 그러나 지금까지의 정책은 대안학교의 가치를 인정하기보다는 그것을 규율하고 관리하려는 태도에 가까웠다. 이제는 생각을 바꿔야 한다. 제도 밖의 대안교육도 공공성의 일부로 포괄할 수 있는 새로운 정책 설계가 필요하다. 대안학교는 제도 밖에 있지만, 그 아이들은 우리의 교육 안에 있어야 하기 때문이다.

그리고 더 근본적인 질문을 던져야 한다. 대안학교의 문제는 단지 일부 특수한 교육기관에 대한 논의가 아니라, 우리나라 공교육

제도 자체에 대한 근본적 의문과 맞닿아 있다.

"사립학교는 어느 정도의 교육과정 자율성을 가져야 하는가?"
"우리나라처럼 정교분리(政敎分離)의 나라에서 사립학교가 종교교육의 자율성을 어느 범위까지 가질 수 있는가?"
"부모가 자녀 교육에 대해 행사할 수 있는 친권의 범위는 어디까지인가?"

만약 국가 교육과정의 적용을 국공립학교에 우선 적용하고, 사립학교에는 일정한 자율성을 보장할 수 있다면(물론 공공적 기준과 최소한의 틀은 유지하되), 사립학교에서 지금보다 더 높은 수준의 종교교육이 가능하다면, 그리고 의무교육을 학교 교육과 동일시하지 않는다면, 지금 우리가 고민하는 대안학교의 상당수는 애초부터 존재할 이유조차 없었을지 모른다. Home Schooling에 대한 태도도 달라질 것이다. 결국 문제는 대안학교가 아니라, 우리가 정한 '제도의 틀'이 지나치게 협소한 것은 아닌지에 대한 반성이다. 지금이야말로 그 틀 자체를 다시 점검해 볼 때다.

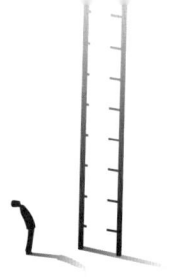

마이스터고, 여전히 유효한가?:

초창기 정책 담당자의 회고와 새로운 구조를 위한 제언

2010년 여름부터 나는 마이스터고 정책의 담당자로서 마이스터고의 성공을 이끌었던 기억이 있다. 그때 우리는 중등 직업교육을 단순한 취업 통로가 아니라, 기술 인재를 조기 양성하는 교육으로 자리매김하고자 했고, 실제로 놀라운 성과를 만들어 냈다. 졸업자 전원이 취업에 성공하는 학교가 등장했고, 삼성전자, 현대자동차 같은 최고 기업들이 장학금을 제공하고 채용을 약속했다. 산업계의 자발적 참여도 컸고, 학교와 학생 모두 몰입감 있는 교육을 경험했다. 무엇보다 중요한 것은, 직업교육에 대한 사회적 인식(Perception)을 바꾸는 전환점이 되었다. 기술고등학교나 실업계고등학교라는 이름 아래 '이류 교육'이라 불리던 경로가, 마이스터고를 통해 '자발적 선택'이자 '전문 경력 트랙'으로 인식되기 시작했다.

하지만 그로부터 15년이 지난 지금, 나는 이 제도가 여전히 그 구조를 유지하고 있는지를 자문하게 된다. 2024년 기준, 마이스터고의 취업률은 72.6%, 유지취업률은 69.7%로 직업계고 중 가장 높다. 수치상 성과는 나쁘지는 않다. 그러나 이러한 수치 이면에는 지속 가능하지 않은 운영 방식, 그리고 정책 주체로서의 국가 부재라는 심각한 구조적 문제가 자리하고 있다.

현재의 마이스터고는 운영 전반이 여전히 학교 단위의 자율성과 책임에 주로 의존하고 있다. 교육부는 심사와 예산 배분 역할에 머무르고, 교육과정 설계, 산학협력 체계 구성, 졸업 후 경력관리까지 모두 학교의 몫이다. 한국직업능력연구원의 지원이 있지만 부수적이다. 이 과정에서 학교는 컨설턴트를 고용하고 외부 자문에 의존해야 하며, 예산을 투입하지만, 시스템은 형식지로 전환되지 않는 구조를 만들고 있다. 정부가 특성화고에 비해 더 많은 예산을 마이스터고에 지원하는 이유는, 바로 이 과도한 책임을 전제로 하기 때문이다.

학교 중심 모델에서 국가 플랫폼 모델로

나는 이제 마이스터고를 학교 단위 자율 운영모델에서 국가 플랫폼 기반 구조로 전환해야 한다고 본다. 핵심은 국가가 산업계와 함께 산업별 교육과정의 기본 틀을 설계하고, 산학협력 구조도 디자인하며, 학교는 그 안에서 실행하는 주체로 기능해야 한다는 것이다. 다시 말해, 지금처럼 '학교가 먼저 계획서를 작성하면 정부가 심사하는 방식'이 아니라, '정부가 먼저 틀을 만들고, 그 소임을 수행할 학교를 선정하는 방식'으로 바꿔야 한다. 이렇게 해야 학교는 본래의 사명인 학생의 역량 키우기에 집중할 수 있고, 산업계는 구조적으로 협력할 수 있으며, 정부는 정책의 지속 가능성을 담보할 수 있다. 시스템이 형식지로 전환되면서 한국형 직업교육의 모델로 성장할 수 있다.

고용보험, 자격 체계, 고등직업교육 연계

이 틀 안에서 고용보험기금이 핵심적 역할을 할 수 있어야 한다. 산업계의 실질 참여는 고용보험의 직업능력 개발 사업 재원을 활용해, 기업이 설계에 참여하고 실행에도 자원을 투입하도록 유도해야 한다. 또한 고교와 전문대 교육과정을 연계해 4년제 고등직업교육기관으로 전환하는 일부 모델도 도입할 수 있다. 그렇지 않다면 졸업생이 NCS 기반으로 산업기사 수준의 자격을 자동 취득할 수 있는 인증 체계를 마련해야 한다. 마이스터고 졸업장이 단지 취업을 위한 '통행증'이 아니라, 기술 전문성을 입증하는 자격과 신분의 증명서가 되어야 한다.

졸업생을 '국가기술 인재'로 추적·관리해야

무엇보다 시급한 것은 졸업생에 대한 추수 관리 시스템 구축이다. 나는 마이스터고 졸업생이 단순한 기능 인력으로 평생 살아가야 한다고 보지 않는다. 이들이야말로 장기적인 경력 경로를 관리받고, 국비 유학, 후(後)진학, 기술경영 트랙, 해외 연수 등 다양한 성장을 경험할 수 있도록 국가가 지속적으로 지원해야 할 대상이라고 본다. 국가가 약속한 사항이기도 하다. 일본처럼 현장에서 일하던 기술자들이 노벨상을 받는 사회, 바로 그런 사회를 위해 마이스터고 졸업생들이 성장할 수 있는 경력사다리(Career Ladder)를 국가가 설계하고 지원해야 한다. AI 인재, 기술 인재는 대학에서 연구하던 사람만을 의미해서는 안 된다.

특성화고의 통합과 고교 체제 개편

나는 마이스터고가 우리 사회에 남긴 가장 중요한 유산 중 하나가 직업교육에 대한 인식 개선이라고 본다. 그러나 현재의 특성화고는 여전히 '이류 교육'으로 취급받고 있다. 이제는 방향을 정해야 한다. '100% 직업교육과 기술교육'을 희망하는 학교는 원칙적으로, 마이스터고로 지정하고, 그렇지 않은 특성화고는 일반고와 통합하되, 일반고 안에서 직업교육과정을 선택적으로 개설할 수 있도록 구조를 개편해야 한다.

마이스터고는 여전히 유효하다, 그러나

요컨대, 마이스터고는 교육·산업·사회 인식이 교차하는 지점에서 직업교육의 패러다임을 바꾼 중요한 시도였다. 그러나 그 성공은 당시의 정책적 집중과 산업계의 적극적 참여가 있었기에 가능했다. 학교 공동체가 고군분투했기 때문이었다. 하지만, 지금은 그 구조를 다시 설계할 시점이다. 국가가 직업교육을 어떻게 바라보고, 기술인재를 어떻게 관리할 것인가에 대한 철학과 전략이 다시 필요하다.

그리고 나는 믿는다. 고등학교를 졸업한 후 곧장 노동시장에 나가더라도, 그 이후 다시 일과 학업을 병행하면서도 존엄하게, 행복하게 살아갈 수 있는 그런 세상, 우리가 그걸 만들어야 한다는 것을. 그것이야말로 직업교육이 이 사회에 이바지할 수 있는 진정한 의미라고 말이다.

어쩌면 나는 지금, 이 글을 쓰며, 그리고 머지않아 이 책을 세상에 내놓게 되면서, 오랜 시간 동안 마음속에 지고 있던 빚의 일부를 조금은 갚아가는지도 모르겠다. 마이스터고 정책을 설계하던 그때의 초심을, 다시 한번 꺼내어 직업교육의 소중함을 알리고, 맞바람 속에 직업교육을 다시 세우고자 한다. 이제는 정책이 아니라 사람의 삶으로부터 출발하는 직업교육 체계, 그것을 함께 만들어 가야 할 때이다. 진정한 의미의 산학관 협력, 지산학협력이 바탕이 되는 그런 학교를 말이다.

특성화고,
직업교육의 정체성 회복이 시급하다!

2008년 이명박 정부는 마이스터고를 새롭게 도입하며 고교 직업교육 체제의 재구조화를 시도했다. 당시 정부는 특성화고를 350개로 줄이겠다는 방침을 세웠고, 마이스터고는 50개까지 확대한다는 계획을 발표했다. 그러나 이 숫자들은 아무런 근거 없이, 마치 요즘의 의대 정원 확대처럼 정책적 명분만, 공허한 숫자만 존재했을 뿐이다.

나는 당시 마이스터고 정책을 추진했고, 그 모델이 사회적 인정을 받을 수 있도록 최선을 다했다. 하지만 특성화고에 대해서는 마음에 빚이 있었다. 마이스터고가 하나의 성공 사례로 자리 잡은 후,

나는 곧바로 특성화고를 살리기 위한 후속 전략을 고민했고, 그 결과물이 바로 '고졸 취업', '선취업 후진학' 정책이었다. 당시 마이스터고 계획에 조그맣게 포함돼 있던 후진학 개념을 정책 전면으로 끌어 올렸고, 재직자 특별전형, 사내대학 제도, 공무원·금융권 고졸 채용 등 다양한 정책을 설계하고 실행에 옮겼다.

하지만 이후 직업교육에 대한 국가의 정책적 관심이 약해지자, 마이스터고는 과거의 명성과 학교 자체의 헌신적 노력 덕분에 명맥을 유지할 수 있었으나, 대부분의 특성화고는 다시 고졸 취업 붐이 일어나기 이전의 상태로 되돌아갔다. 신입생들은 다시 중학교 성적 하위권 학생들로 채워졌고, 일부는 내신에서 유리한 점수를 활용해 좋은 대학에 진학하려는 소수의 상위권 학생이 있었다. 특성화고의 사회적 위상과 자존감은 다시 약화하였다.

특성화고의 구조적 문제: 이름부터 교육 체계까지

'특성화고'라는 명칭은 직업교육의 정체성을 드러내지 못하는 상징조작에 가깝다. 무엇을 특성화하는지도 불명확하고, 일반고·마이스터고와의 구분도 흐릿하다. 더군다나 특성화고에는 대안학교까지 포함되어 있어 직업교육을 전제로 하지 않은 학교들도 같은 분류 안에 묶여 있다. 이에 따라 정책 대상의 범위조차 애매해진다.

교육과정의 교과 체계도 산업 현장과는 동떨어져 있다. 현재의 17개 분류는 고용노동부의 한국고용직업분류(KECO: Korean Employment Classification of Occupations) 기반으로 설계되었기에, 실제 직무분류나 산업 수요와 일치하기 어렵다. 국가 교육과정은 17개로 구분되나, 교육청이나 학교는 여전히 농, 공, 상, 수산·해양, 가사·실업이라는 전통적 분류 틀에서 벗어나지 못하고 있다. 이에 따라 교사 배치, 기자재 구성, 시간표 운영, 교육과정 설계 전반이 정체된 상태이다.

고교학점제의 무리한 적용과 교육과정 체계의 재구성 필요성

특성화고에 적용된 고교학점제는 현실과 이상 간의 괴리가 심각하다. 일반고에서 학점제는 진로 탐색과 유연한 과목 선택을 전제로 하지만, 특성화고는 진로가 이미 설정된 상태에서 입학하며, 학과도 결정되어 있다. 이러한 구조에서 '부전공 이수형', '타 학과 융합형', '학교 간 공동교육과정형' 등 교육부가 제시한 운영 모형은[3] 사실상 이론적 장식에 가깝고, 실현 가능성도 매우 낮다.

학점제의 기본 취지를 살리기 위해서는 일반고처럼 과목 선택 중

---

3) 교육부·한국직업능력연구원(2023), 『2023년 직업계고 학점제 안내서』.

심이 아니라 구조 중심이어야 한다. 호주(Australia)처럼 산업계가 자격 과정을 먼저 설계하고, 학교는 이를 이수하게 하며, 평가 역시 과정 이수 중심으로 운영하는 모델이 필요하다. 여기서 핵심은 학생이 자유롭게 선택하는 것이 아니라, 산업과 교육이 함께 설계한 학습 경로(Learning Pathway)에 따라 신뢰할 수 있는 자격을 확보하도록 유도하는 것이다. 그래야 원하는 직무능력이 길러진다.

특성화고 교육과정도 당연히 개편되어야 한다. 국가 교육과정의 전문 공통, 전공 일반, 전공실무라는 구조는 설계 철학이 불분명하고, 실제 현장성과 학습 연계성 측면에서도 한계를 드러내고 있다. 이에 따라 교육과정은 다음과 같이 재구조화할 필요가 있다.

- 공통 교과: 시민성, Key Competency, 직업 세계(창업 포함) 이해
- 기능 교과(실무 중심): 자격 취득 기반 실무 학습 (NCS 기반)
- 기술 교과(Technology-based): 고도화된 기술 개념 이해, 진학 연계와 상급 경력 개발 가능성 확보

이 중 기술 교과는 국가직무능력표준(NCS: National Competency Standards)만으로 설명되지 않는 직무나 공학·응용 이론 기반의 학습을 반영하기 위한 영역이다. 이는 기능교육과 기술교육의 연결 지점을 확보하고, 후속 진로 다변화까지 고려한 설계를 가능하게 만든다.

특성화고 체계 재설계: 위계가 아니라 유형으로

앞으로 특성화고는 일반고와 마이스터고 사이의 중간 지대가 아니라, 직업교육을 운영하는 학교 유형 중 하나로 명확히 구분되어야 한다. 위계가 아니라 기능 중심의 분류가 필요하다.

- 마이스터고: 고난도 기술교육 중심(기능교육도 포함), 산업체 연계, 장기적 경력 개발 트랙 운영
- 직업고(또는 전문고[4]): 기능교육 중심의 직업교육을 100% 실시하나, 마이스터고로 운영하기 어려운 학교. 모든 자격 과정을 학교 자체적으로 운영하기 어려운 경우, 전문대학 및 직업훈련기관과 연계하여 직업과정 운영도 가능
- 종합고의 직업과정: 대학 진학 중심 학교지만 일부 학생을 위한 직업교육 트랙도 제공 가능. 외부 기관과 연계하여 자격 과정 운영도 가능

이렇게 기능과 목적에 따라 유형을 나누고, 학교는 그 역할에 맞는 교육과정과 인적·물적 자원을 확보할 수 있어야 한다. 마이스터고가 되기 어려운 학교는 직업고라는 명칭을 사용하되, 마이스터고와는 다른 형태로 기능교육으로 특화된 교육기관으로 발전시켜야 한다. 일반고는 원칙적으로 종합고등학교(Comprehensive School)

---

4) 직업고 명칭이 좋으나 전문대학 명칭과의 연계성이라는 관점에서 전문고도 가능하다.

이어야 한다.

특성화고 개편이 고교 직업교육 개편의 중핵

특성화고는 직업교육의 과거이자 미래다. 지금은 왜곡된 구조 속에서 정체성도 희미하고, 정책적 우선순위에서도 밀려나 있지만, 이를 다시 교육 개혁의 핵심 플랫폼으로 설계할 수 있다. 그 출발은 이름, 교육과정, 자격 체계, 전달 구조 전반의 근본적 재설계에서 출발해야 한다.

협약형 특성화고, 별도의 학교인가?
아니면 특성화고의 기본 모델인가?

지난 정부에서 추진하기 시작한 협약형 특성화고는 지역의 산업과 학교, 지자체가 협약을 맺고 함께 인재를 길러내는 새로운 형태의 직업계고 모델이다. 2024년부터 10개 학교가 1기 시범 사업 대상으로 선정되었으며, 학교마다 철도, 반도체, 이차전지, 항공우주 등 각 지역의 주요 산업과 연계된 교육이 이루어질 예정이다.[5]

명칭에 '협약형'이라는 단어가 붙은 것에서 알 수 있듯이, 이 학교들은 교육청, 지자체, 산업체 등이 정식으로 협약을 체결하고, 교육

---

5) https://www.hifive.go.kr/v2/school/agrSchoolIntro.do?rootMenuId=01&menuId=010401. (2025. 06. 15. 검색)

과정 설계부터 운영, 취업 연계, 지역 정주까지 함께 논의하고 실행하는 구조를 갖는다.

정책 추진의 기본 취지는 분명하고 타당하다. 지역 인재가 지역에 머물고, 지역 산업과 함께 성장해 나갈 수 있게 하겠다는 방향은 그 자체로 바람직하다. 특히 '지역혁신 중심 대학 지원체계(RISE: Regional Innovation System & Education)' 사업이 중시하는 4년제 대학 중심이 아닌, 직업계고나 전문대학 수준에서 지산학(地産學) 협력 모델을 강화하는 전략은 직업교육 고도화 측면에서 매우 중요하다. 그러나 그 제도적 형식과 실제 내용, 지속 가능성을 들여다보면 몇 가지 짚어야 할 내용이 있다.

무엇보다 먼저 확인해야 할 것은, 이 제도가 과연 특성화고의 발전된 모델인지, 아니면 전혀 별개의 새로운 학교 유형인지에 대한 물음이다. 지금의 정책 추진 방식은 후자에 가깝다. 즉, 특성화고, 마이스터고에 이어 또 하나의 '브랜드형 직업계고'를 만들려는 시도처럼 보인다. 그러나 직업계고의 다양성을 확보하고 지역에 맞는 교육을 설계하기 위해 필요한 것은 또 다른 학교 유형이 아니라, 특성화고가 선택할 수 있는 방법론과 운영모델의 다양화이다.

협약형 특성화고의 한계

현재의 협약형 특성화고 제도에는 다음과 같은 구조적 한계가 존재한다.

① 협약서의 내용을 보면, 취업인지, 교육과정 설계인지, 지역 정주인지, 공동 운영인지, 핵심 목표가 불분명하다. 각 참여기관의 책임과 역할도 선언적 수준에 그치며, 실질적인 권한과 의무의 배분은 모호하다. '잘해보자'라는 다짐 이상의 구체성이 없다. 교육과정을 어떻게 바꿀 것인지, 산업체는 무엇을 지원하고 지자체는 어떤 책임을 질 것인지에 대한 명확한 역할 분담이 없다. 협약서에 서명한 기관들은 많지만, 실제 책임지는 구조는 흐릿하다.
② 교육과정을 학교가 자율적으로 구성할 수 있도록 한다고는 하지만, 국가 교육과정 체계 내에서 실제 자율성은 매우 제한적일 수밖에 없다. 학교가 지역 산업에 맞춰 교육과정을 재구성하거나 조정하려 해도, 이를 제도적으로 보장하지 못한다. 이유는 NCS 교육과정에 대한 부족한 이해 때문이다.
③ 지역 정주를 목표로 설정한 정책 방향도 교육정책의 본래 목적과 부합하는지 재검토할 필요가 있다. 교육은 학습자의 능력 개발을 중심에 두어야 하며, 정주는 부수적 결과이지 본질적 목표로 설정될 수는 없다.

이런 문제들은 결국 교육과정과 학교 운영에 자율성을 부여하되, 동시에 질 관리를 유지할 수 있는 제도적 기반이 필요하다는 사실을 환기하게 시킨다. 우리는 이미 NCS를 기반으로 고등학교 교육과정을 만들고 있으며, 각 능력 단위에는 수행 준거(Performance Criteria)가 존재한다. 다만, 현재는 이를 구체화한 성취기준(Achievement Criteria) 체계가 부족하고, 학교 현장에서 이를 상황에 맞게 수정하거나 보완할 수 있는 제도적 장치도 없다는 한계가 있다.

이와 관련해 참고할 수 있는 것이 바로 호주의 직업교육훈련(VET: Vocational Education and Training) 시스템이다. 호주는 NCS에 해당하는 직무 표준을 기반으로 산업계가 Training Package를 설계하고, 이를 훈련기관(RTO: Registered Training Organization)이 활용할 수 있도록 한다. 중요한 점은, 훈련기관이 훈련과정과 평가도구를 자신의 지역, 학습자 집단, 산업의 요구에 따라 조정(Contextualisation)[6]할 수 있으며, 이러한 유연성(Flexibility)은 법률적으로 보장된다는 점이다.[7]

---

6) https://vetresources.com.au/blog/the-ultimate-guidelines-for-contextualisation-of-training-packages-for-diverse-learners/ (2025. 06. 17. 검색)

7) 이 법령이 「National Vocational Education and Training Regulator(Outcome Standards for NVR Registered Training Organisations) Instrument 2024」, 「National Vocational Education and Training Regulator(Compliance Standards for NVR Registered Training Organisations and Fit and Proper Person Requirements) Instrument 2025」이다. 이 법령을 바탕으로 「User's Guide to the Standards for RTOs」가 만들어진다.

이는 곧 RTO의 설립유형이나 위치와 무관하게, 학습자의 다양성과 산업의 요구를 반영한 교육과정 운영이 가능하도록 제도적으로 뒷받침되어 있다는 의미이다. 또한, 평가의 유효성과 신뢰성을 유지하면서도 현장 맞춤형 교육의 자율성을 보장할 수 있는 구조라는 의미이다.

협약형 특성화고, 어디로 나아가야 하는가?

협약형 특성화고가 제도적으로 자리 잡기 위해서는, 단순히 새로운 시범 사업을 운영하는 수준을 넘어, 직업교육 전반에 영향을 줄 수 있는 구조적 변화의 촉매제가 되어야 한다. 이를 위해 필요한 것은 '학교의 종류를 하나 더 늘리는 것'이 아니라, 모든 특성화고에 적용될 수 있는 운영모델의 정립이다. 다시 말해, 협약형 특성화고는 특성화고의 '예외적 유형'이 아니라 '발전된 운영 방식의 한 형태'가 되어야 한다. 이를 위해 다음과 같은 세 가지 방향이 중요하다.

1) 기존 특성화고 체계에 지산학협력 교육을 접목하는 모델로 내적 진화

현재의 협약형 특성화고는 마치 별도의 학교 유형처럼 구성되어 있으나, 실질적으로는 기존 특성화고 체계 안에서 지산학협력 교육 모델을 선택적으로 도입할 수 있는 방식으로 정비하는 것이 바람직하다. 이는 각 지역의 여건, 산업 구조, 교육청과 학교의 준비 수준에 따라 유연하게 설계될 수 있다. 즉, '협약형'은 하나의 운영 방식(Mode of Operation)이지, 하나의 학교 유형(Type)이 될 필요는 없다. 이러한 방식은 정책의 지속 가능성과 전국적 확산 가능성을 동시에 높인다.

2) 교육과정 자율성을 제도화하고,
Contextualisation과 Flexibility를 공식 허용

우리는 이미 고등학교 직업교육에서 NCS 기반 교육과정을 운영하고 있다. 하지만 현장에서는 여전히 중앙에서 지정한 틀에 따라 교과를 운영해야 하는 한계가 존재한다. 따라서 NCS의 수행 준거(Performance Criteria)와 평가의 기준을 훼손하지 않는 범위 내에서, 지역 산업의 특성과 학습자 집단의 요구에 따라 교육과정을 조정(Contextualisation)할 수 있도록 공식 허용해야 한다. 이를 위해 교육과정에서 선택과 집중이 가능한 범위와 절차를 명확히 제시해야 하며, 필요할 경우 교육과정 일부를 학교나 컨소시엄 단위에서 수정하는 권한도 제도화해야 한다. 이는 호주에서 Training Package를 지역에 맞게 조정할 수 있도록 인정하고 있는 것처럼, 국가 수준의 표준화와 지역 수준의 적응(Adaptation)이 조화를 이루도록 설계되어야 한다.

3) 산업체 참여에 대한 실질적인 유인책 설계와 제도화

협약형 특성화고가 제 기능을 하려면 학교 혼자 노력으로는 어렵다. 산업체는 단순한 협약 당사자가 아니라, 실습 장소 제공, 교원 연수, 커리큘럼 공동 개발 등 교육과정 전반에 실질적으로 참여해야 한다. 이를 위해 이 과정에 참여하는 기업에는 채용 우대, 세제 감면, 인증 혜택, 정부 사업 우선적 참여 기회 등 다양한 유인책이 제도화되어야 하며, 학생에게는 취업 이후 일정 기간 지역에 정착할 때 장학금, 주거 지원, 후(後)학습 연계 등의 지원이 제공될 수 있다. 이러한 유인책 체계는 일회성 지원이 아니라, 협약 이행에 따른 정기적 보상과 제도적 연계가 가능하도록 설계되어야 하며, 학교와 기업, 지역이 함께 책임지는 구조가 되어야 한다.

요컨대 협약형 특성화고는 '학교의 이름을 바꾸는 정책'이 아니라, '학교의 운영 철학과 구조를 바꾸는 정책'이 되어야 한다. 그 철학은 지역과 함께하는 교육, 산업과 함께하는 교육, 그리고 학습자 중심의 교육이어야 하며, 그 구조는 국가 기준의 신뢰성과 지역 현실의 유연성이 함께 작동할 수 있도록 설계되어야 한다.

이를 가능하게 하려면, 교육과정, 평가 기준, 자격 구조, 산업 연계, 그리고 재정지원까지 통합적으로 재구성하는 접근이 필요하며, 협약형 특성화고는 그 실험의 시작점이 되어야 한다. 협약형 특성화고는 재정지원사업으로 만들어 가는 하나의 독특한 학교가 아니라, 모든 특성화고가 자연스럽게 만들어질 수 있는 진화형 모델로 인식해야 한다.

산학 일체형 도제학교,
'도제'를 붙이기 어색한 학교

한국은 '산학 일체형 도제학교'라는 명칭을 사용하며, 특성화고 중 일부 학급을 도제반으로 지정하여 학교 교육과 기업 현장훈련을 병행하는 방식으로 운영하고 있다.[8] 이 제도는 조기 취업 중심 직업교육의 한계를 보완하고, 산업 현장에서의 실질적인 직무 역량을 키운다는 점에서 출발했지만, 실제 제도의 운용은 국제적으로 통용되는 도제제도의 철학과 구조와는 크게 다르다.

도제(Apprenticeship)의 전통적 개념은 'School-based Training'과

---

8) https://www.hifive.go.kr/front/bbs/bbsList.do?bbs_id=2031&rootMenuld=02&menuld=020301__01. (2025. 06. 17. 검색)

대비되는 'Industry-based Training'으로 정의되며, 산업 현장이 교육의 중심이 되는 구조다. 도제는 나라마다 다르다. 일률적이지 않다. 법적으로 근로자가 아닌 '훈련생'의 지위를 갖고, 일정한 수당(Apprenticeship Allowance)을 받으며 훈련에 참여하기도 한다. 그 반대의 경우도 존재한다.

실질적 훈련은 개별 기업이 담당하지만, 도제제도 자체는 산업 전체가 책임진다. 기업 내에는 도제를 총괄하는 Meister(마이스터)가 있고, 학생들을 직접 지도하는 훈련 교관은 Ausbilder(아우스빌더) 또는 Berufsausbilder(직업훈련지도자)라고 불린다. 물론 나라마다 이름은 다르다. 기업 단위가 아닌 산업협회, 상공회의소 등 중간 조직이 도제 운영을 조정하고 품질을 관리하며, 한 기업이 모든 훈련 단위를 감당하지 못할 때 다른 기업과의 순환형 훈련도 가능하도록 조율한다. 이에 따라 개별 기업의 부담은 줄고, 도제는 산업 전체가 함께 양성하는 구조를 갖는다.

반면, 한국의 도제학교는 일반적인 도제제도와는 다르다.

① 학생은 '학습근로자'라는 명칭을 부여받고 있으나, 실제로는 근로자로 간주가 되어 4대 보험을 포함한 최저임금이 지급된다. 훈련 수당의 개념이 아닌 근로계약 기반의 급여이기 때문에 기업으로서는 교육생이 아닌 직원으로 대우해야 하며, 생산성이 부족한 학생에게 비용을 지급해야 하는 구조가 된다.

이 때문에 기업이 선의 없이 제도에 참여하기는 쉽지 않다.
② 기업이 가르칠 수 있는 능력 단위가 정리되어 있지 않으며, 어떤 기업이 어떤 교육을 할 수 있는지에 대한 사전 구조가 명확하지 않다. 모든 훈련 내용이 학교 주도의 조율에 맡겨져 있고, 중간 조직은 사실상 부재하다. 훈련 내용도 대부분은 NCS 기반이라고 하지만, 각 능력 단위가 어떻게 평가되고, 어떤 기준으로 학습성과가 판단되는지에 대한 체계가 없다.
③ 도제 과정은 국가 교육과정과의 관계에서도 긴장을 유발하고 있다. 현장훈련이 학교 교육을 대체할 수 있는지, 학점으로 환산할 수 있는지, 전문교과와의 연계가 어떻게 되는지 등 기본적인 교육과정 체계 안에서 도제를 어떻게 위치시킬 것인지에 대한 원칙이 정해져 있지 않다.
④ 도제학교는 고교학점제와도 관계를 맺고 있다. 학점제의 기본 철학은 선택과 유연성인데, 도제학교는 오히려 패키지화된 교육과정으로 구성되어 있어 학점제의 유연성과 상충하는 구조로 되어 있다. 따라서 도제 과정을 학점제 안에서 별도의 '도제형 진로 집중 학기 패키지'로 인정하고, OJT를 공식적인 산업현장 이수학점으로 편입할 수 있는 제도적 장치가 필요하다.

한편, 호주도 학교 기반 도제제도(School-baesed Apprenticeships)가 운영되고 있다. 훈련 계약(Training Contract)을 체결하며, 이 계약서에 의무와 책임 등이 명확하게 규정되어 있다. 배울 수 있는 Unit of Competency도 명확하다. 도제 기간은 1년에서 4년까지 다양하다. 수당(또는 급여)도 산업별, 직업별, 교육 수준별, 나이별, Full-time(또는 Part-time) 여부에 따라 다르다.[9] 그러나 이는 기업에서 일부 능력 단위를 훈련받는 방식이며, 기업이 가르칠 수 있는 Unit of Competency가 명확히 훈련계약에 정의되어 있다. 기업이 단독으로 전체 훈련을 수행할 수 없을 때, 여러 기업이 분할훈련을 수행하고, 이를 조율하는 Group Training Organisation(GTO)과 같은 중간 조직이 존재한다. 이 GTO에서 도제 기간을 보내고, 이 GTO가 각각 전문 교육 분야를 제공하는 여러 고용주를 순환 근무 할 수 있도록 지원한다. 21살이 되면 성인 도제생(Adult Apprentice)으로 바뀐다.[10] 훈련은 단순히 고용의 수단이 아니라, 능력 개발 중심의 제도로 설계되어 있으며, 도제생은 일반적으로 Part-time 직원과 같이 취급되며, 산재보험, 공공 의료 보장, 근로조건 등에 있어 일반 근로자와 같다.[11]

결론적으로, 한국의 도제학교는 전통적인 의미의 도제제도와는 구조, 법적 성격, 훈련 방식, 교육과정 체계, 품질관리 메커니즘에 있어 많이 다르기에, '도제학교'라는 명칭을 신중하게 사용할 필요가 있다. 따라서 도제제도의 취지를 살리려면 산학 일체형 도제학교는 모든 지역에서 보편적으로 적용할 수 있는 정책이 아니라, 창원공단처럼 대규모 산업단지 내에 있는 직업고를 중심으로, 산업

---

9) 호주 연방정부가 만든「Apprenticeship Training Contract」를 보면 'Training Contract'라고 되어 있고, 'Allowance'라는 단어가 명시되어 있다.
10) https://desbt.qld.gov.au/training/employers/gto/what. (2025. 06. 17. 검색)
11) Fair Work Ombudsman(2025),『Guide to starting an apprenticeship』.

기반 능력 개발 중심의 훈련학교 모델로 한정되어야 한다. 아니면 기업체에 출퇴근이 가능하거나, 적어도 기숙사가 있어야 한다.

이를 위해서는 다음과 같은 방향으로의 제도 재설계가 필요하다:

① 도제제도는 산업 현장 기반(Industry-based)의 훈련이라는 점을 고려하여 설계할 것
② 도제 과정을 국가 교육과정 안에 공식적으로 위치시키고, 도제 교육과정 편성 기준을 정립하며, 고교학점제 안에서 도제 과정을 인정할 수 있는 구조를 마련할 것
③ 도제제도는 개별 기업이 아닌, 산업 단위에서 기획하고 운영할 것
④ NCS 기반 훈련이라면, 도제 참여 기업별로 제공할 수 있는 NCS 능력 단위 및 요소가 명확히 정의되어야 하며, 그에 따른 평가 및 질 관리 체계도 함께 마련할 것
⑤ 기업과 학교(또는 학생) 간 연결을 주도적으로 담당할 수 있는 공적 중간 조직이 존재할 필요가 있고, 이들이 훈련계획, 순환훈련, 품질관리 등의 기능을 수행할 수 있도록 제도적으로 보장되어야 할 것
⑥ 학습근로자는 훈련생의 지위를 유지하면서도, 산업 재해 보장 등 사회적 보호가 가능하도록 법적 장치를 마련할 것
⑦ 학교와 기업과의 역할 분담이 명확할 것
⑧ 성인에게도 도제제도의 도입을 검토할 것

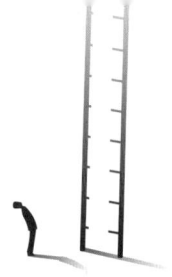

IP 마이스터 프로그램, 기술교육의 혁신적 방법론이자 직업계고의 자존을 위한 시도:

기능에서 창의로, 학습자에서 발명가로

사업의 배경:
'특성화고 학생도 지식노동자가 될 수 있다'라는 믿음

IP 마이스터(Meister) 프로그램은 겉으로 보기엔 발명 공모전, 혹은 창의성 경진대회처럼 보일 수 있다. 그러나 그 이면에는 훨씬 깊은 정책적 철학이 깔려 있다. '직업고 학생들도, 아니 어쩌면 직업고 학생들이야말로, 가장 창의적인 문제 해결자가 될 수 있다'라는 철학이다. 이 사업은 마이스터고가 사회적 반향을 얻고, 고졸 취업에 대한 기대가 커지는 시점에서 기획되었다.[12] 그러나 여전히 특성화고 학생들은 '실무 기능'만 배우는 존재, 지적·창의적 역량은 부족하다는 사회적 편견이 강했다. 이러한 인식을 뒤집기 위해선 단순한 취업률이 아니라, '창조'의 가능성을 증명할 수 있는 교육적 장치가 필요했다. 그리고 그것이 바로 IP 마이스터였다.[13]

직업교육의 한 축인 기술교육(Technological Education)은 단순한 조작 기능이 아니라, 문제 인식과 해결, 개선의 사고 과정을 포함한다. 그러한 과정에서 지식재산(IP: Intellectual Property)이라는 개념은, 기능과 창의의 접점을 실체화하는 가장 효과적인 수단이 될 수 있다. 즉, 이 사업은 단순한 대회가 아니라, 직업교육이 추구해야 할 궁극적 방향, 즉 '단순 육체노동자에서 지식노동자(Knowledge Worker)로의 이행'을 상징하는 교육과정의 확장이었다.

---

12) 필자가 교육부 과장 시절에 기획한 것이기에 사업 배경을 누구보다도 더 잘 알고 있다. 난 이 과정을 공부한 학생들은 노동시장에서 전문대학, 4년제 대학생보다도 더 혁신적인 생각을 할 수 있는 근로자가 될 수 있을 거라고 믿었다. 말 그대로 Knowledge Worker이다. Product와 Process를 Innovation할 수 있는 역량을 키울 수 있을 것이기 때문이다.

13) 흔쾌히 도움을 준 특허청과 발명진흥회에 감사할 따름이다.

사업 개관: 실습과 창의,
권리화까지 전 과정을 연결하는 구조

IP 마이스터 프로그램은 2011년 시작되어 올해로 제15기를 맞이한 장기적 직업계고 창의교육 사업이다. 주관은 한국발명진흥회, 주최는 교육부·중소벤처기업부·특허청이며, 참가 대상은 전국 특성화고, 마이스터고, 직업 계열 일반고 학생이다.

사업 흐름은 다음과 같다.

- 팀 단위 신청: 학교 내 2~3인 팀 구성, 지도교사 1인 필수
- 아이디어 제출: 자유 과제, 전문 교과 과제, 협력 기업 과제, 테마 과제 중 선택
- 심사 및 선발: 서류심사, 선행기술조사, 발표평가 등을 거쳐 60개 팀 선정
- 교육 및 컨설팅:
  - 온라인 발명 교육 및 지식재산권 기초
  - 기업 및 전문가와의 컨설팅
  - 시제품 제작 지원
  - 특허 출원 지원
- 최종 심사 및 시상: 장관상, 공공기관장상 등 다양한 시상과 국외 연수 기회 제공

이 사업은 단순히 '아이디어를 내는 대회'가 아니라, 발상 → 설계 → 수정과 보완 → 권리화 → 사업화까지 이어지는 전 과정 체험형 교육이다. 즉, 반성적 숙고(Reflective Thinking) 과정을 거치면서 하나의 아이디어가 최종 제품으로 이어지는 일련의 과정을 공부할 수 있는 중요한 교육학적 방법론이 밑바탕에 깔려 있다.

교육학적 장점: 기능적 기술을 넘어선 창의적 기술의 구현

IP 마이스터 프로그램은 직업계고 교육과정에서 매우 독보적인 위치를 차지한다. 기술교육을 실질적인 창의교육으로 확장하는 '방법론적 혁신'으로서 다음과 같은 교육학적 장점이 있다.

① 창의성의 '현장화': 단순한 지식이나 손기술이 아니라, 현장의 문제를 인식하고 해결하는 사고력과 응용력을 기르는 과정이다. 기술 이론이 추상에 머무르지 않고 실질적으로 작동한다.
② 기술교육의 '과정 중심성' 강화: 이 사업은 단순 결과가 아니라, 문제 정의 → 조사 → 아이디어 도출 → 시제품 설계 → 지식재산권 확보라는 교육 전 과정을 체계적으로 구성하고 있다.
③ 직업고의 자존을 키우는 자기 효능감 강화: '직업고 학생이 특허를 낸다'라는 것은 단지 제도적 성취가 아니라 사회적 인식에 균열을 내는 사건이다. 이는 직업계고 학생들 스스로가 자신을 지식근로자로 인식하는 계기가 된다.

④ 진로와 연계되는 확장성: 지식재산과 발명이라는 키워드는 단지 대회용 개념이 아니라, 향후 설계·R&D·기술창업·디자인·기획 등의 진로와 연결될 수 있는 유연한 진입로가 된다.

향후 방향: 사업을 넘어서, 교육과정의 축으로 편입

이 사업은 여전히 '발명진흥회가 운영하는 사업 중 하나'라는 제도적 위치에 머물러 있다. 그러나 이 프로그램이 가진 교육학적 잠재력을 고려한다면, 다음과 같은 방향으로 제도적 재설계가 필요하다.

① 교육과정 내재화: IP 마이스터를 단순 대회가 아니라 전문교과 또는 창의적 체험 활동 내 교육과정의 일부로 인정하고, 학생 참여를 기반으로 한 프로젝트 기반 기술 수업(PBL)의 모델로 정착시켜야 한다.
② 전문교과 교사의 전면적 참여: 현재는 일부 교사들이 자발적으로 팀을 지도하는 구조이지만, 앞으로는 전문교과 교사에게 발명 교육 역량과 IP 교육 연수 기회를 보장하고, 장기적으로는 학교 단위의 기술혁신 랩 모델로 확장할 수 있어야 한다.
③ 일반고까지도 확산: '직업고 전용'이라는 인식을 넘어서, 기술기반 창의력 교육이라는 공통 가치를 강조하며, 기술 교과를 편성한 일반고에서도 참여할 수 있도록 문호를 넓힐 필요가

있다.

④ 국가 직업교육 전략과 연계: 기술사회를 향한 학습권, 지식 기반 사회에서의 노동역량 개념을 재정립하면서, IP 마이스터 사업을 '문해력-수리력-기술력'을 포괄하는 진정한 역량 기반 직업교육 모델로 발전시켜야 한다.

정리하면

IP 마이스터 프로그램은 단순한 발명대회가 아니다. 이것은 기능교육에서 창의교육으로 넘어가는 통로, 직업고 학생이 지식노동자가 되는 자존의 서사, 기술교육의 교육과정이 새로워질 수 있다는 증거다.

지금 우리는 '기술'이란 단어를 여전히 '조작'이나 '운용'에 가두고 있지만, 사실 기술은 문제 해결의 언어이고, 세계를 새롭게 바꾸는 사고방식이다. 그 가능성을 가장 잘 보여주는 것이 바로 이 IP 마이스터 프로그램이다. 이제 이 사업은 더 이상 '누군가의 좋은 기획'으로, 재정지원사업으로 머물러서는 안 된다. 모든 기술교육의 가운데로, 교육과정의 중심으로 들어와야 한다. 여기에 창업교육이나 기업가정신(Entrepreneurship) 교육까지 결합한다면 금상첨화일 것이다.

보론 1.
고교 직업교육 체제의 전면 개편 방안

왜 지금, 고교 직업교육 체제를 다시 이야기하는가?

대한민국의 고등학교 교육은 여전히 대학입시를 정점으로 달려가는 시스템이다. 중학교에서 고등학교로 진학하는 순간부터 학생들은 (교육과정에 구분이 없음에도) 문과·이과 혹은 인문계·자연계라는 이분법에 포획되고, 교사들은 성적 상위권 학생의 입시 컨설턴트가 되고, 하위권 학생에게는 생활 지도사가 된다. 이 구조 속에서 직업교육은 늘 주변적이며, 예외적인 선택으로 남아 있다. 하지만 냉정하게 돌아보면, 고등학교를 졸업한 후든, 대학을 졸업한 후든, 궁극적으로 모든 사람은 노동시장에 진입하여 일을 하며 살아가야 한다.

고등학교와 대학을 오롯이 입시와 학문으로만 구성하는 구조는 과잉 경쟁과 불안정한 경력사회를 낳는다. 더구나 대한민국은 OECD 국가 중 고등학생 중 직업교육을 받는 비율이 가장 낮은 나라 중 하나이다.[14] 이는 교육이 진로와 노동, 삶을 연결하지 못하고 있다는 반증(反證)이기도 하다. 이제는 고등학교 직업교육을 전체 학제 속에 재정의하고, 누구나 자신의 삶과 노동을 조망할 수 있는 구조를 만들어야 한다.

직업교육은 소수의 선택이 아니라, 모두를 위한 공공재여야 한다

직업교육은 마이스터고나 특성화고를 선택한 일부 학생만을 위한 제도가 아니다. 의사, 변호사, 교수, 연구자, 기술자, 엔지니어, 사회복지사 등 어떤 직업을 가지든 결국은 직업 세계 속에서 살아가야 하며, 그 세계에 대한 최소한의 이해와 경험은 모두에게 필요하다.

그래서 필자는 일반고를 포함한 모든 고등학생이 '진로와 직업', 그리고 '성공적인 직업생활'과 같은 과목을 공통 필수로 이수해야 한다고 본다. 특히 '성공적인 직업생활'은 다음과 같은 주제를 다루

---

14) 『조선일보』 2025년 5월 20일 기사에 의하면 우리나라 중등 직업교육 참여율이 17%로 OECD 평균 37%의 절반 수준이며, 33국 중 30위로 나온다.

고 있어, 직업적 삶에 대한 시민적 이해를 돕는 데에 매우 유효하다.

- 일과 직업
- 진로 설계와 직업 기초능력
- 취업과 창업
- 직업윤리와 근로관계
- 산업안전과 보건
- 경력관리와 평생학습

이 과목은 보통교과가 아니라, 모든 고등학생이 갖추어야 할 '공통 교양'으로 자리 잡아야 하며, 일반고든, 특성화고든, 대학 진학 예정자든 관계없이 이수하게 해야 한다.

자격 기반의 학점제 설계:
NCS 기반 Core&Elective 체계로

현재의 직업고 학점제는 '선택'이라는 명분은 있으나 실질적 선택권은 제한적이고, 학과 구조와 충돌하며, 자격과도 유기적으로 연결되어 있지 않다. 따라서 새로운 고교 직업교육 체제는 자격 기반 학점제로 설계되어야 한다. 그 구조는 다음과 같다.

① 자격은 NCS Unit을 기준으로 Core(필수)와 Elective(선택)로 구성

② 학점은 자격별 난이도와 학습 시간에 따라 부여(예: 사무 기초 3학점, 용접기능사 6학점)
③ 학교는 해당 자격 과정을 정규 교육과정으로 운영하고, 이수 평가를 통해 학생에게 자격을 수여
④ 자격 설계 주체는 산업계이며, 정부와 학계가 이를 지원하여 과정-전달-평가-자격까지 일관된 시스템을 구축

이렇게 되면 '과정 따로, 자격 따로'라는 단절이 해소되고, 고등학교 내 학습이 자격 취득으로 직결된다. 더불어 산업계 주도 설계를 통해 자격의 실효성과 활용도 또한 제고된다. 이 과정은 검정 중심 외부 평가보다는 과정 이수 중심의 내부 평가로 진행되어야 하며, 이를 위해 교사들의 전달 능력, 평가 역량, 등급화(Grading) 역량 강화가 병행되어야 한다.

학교 혼자 할 수 없다. 전문대학, 직업훈련기관과의 협력

모든 고등학교가 자격 과정을 직접 개설하거나 운영할 수는 없다. 따라서 전문대학, 직업훈련기관, 지역 캠퍼스 등 다양한 기관이 자격 과정 전달 기관으로 참여할 수 있어야 한다. 이는 산업계가 설계한 NCS 기반 자격 과정을 학교 외부에서도 운영하게 함으로써, 교육 접근성을 높이고, 다양한 전달 주체가 공존할 수 있는 구조를 마련하는 것이다.

이러한 체계에서 전문대학은 고교 단계의 직업교육부터 성인계속교육, 산업기술 석사과정까지 포괄하는 연속적 교육 체계의 핵심 플랫폼으로 자리매김하게 된다. 이는 호주의 TAFE 모델처럼, 교육의 계층이 아니라 학습의 연속성을 보장하는 기반이 될 수 있으며, 자격 설계 단계에서부터 전문대학이 제도 설계에 참여해야 한다.

이런 체계가 마련되면, 현재 일반고에서 운영되는 소위 '일반고 직업교육과정'처럼, 대학 진학을 포기한 학생들을 학교 밖 학원이나 직업훈련원으로 보내는 방식은 더 이상 필요하지 않게 된다. 이제는 일반고 안에서도 자격 기반 직업과정을 이수하고, 학점과 자격을 동시에 취득할 수 있는 구조를 만들 수 있게 되는 것이다.

마이스터고와 고난도 기술교육은
별도 체계로 설계해야 한다

모든 직업교육을 일반고 안에서 해결할 수는 없다. 특정 분야, 특히 고난도의 기술·의료·공업 계열은 별도의 고도화된 직업학교 모델로 운영하는 것이 바람직하다. 현재 마이스터고가 그 역할을 하고 있으며, 일정 부분에서는 3~4년제 고등직업학교나 직업대학으로의 전환도 검토해 볼 수 있으며, 전문대학과의 연계 체계(Articulation)도 함께 모색할 필요가 있다.

예를 들어, 간호, 기계, 전기·전자 등의 분야는 긴 실습 시간, 산업 안전 규정, 고도의 기술 연마가 요구되기 때문에, 일반고 내에서 해결하기보다 마이스터고 또는 전문기술학교 체제에서 운영하는 것이 더 타당하다.

직업교육은 모두를 위한 교양으로

직업교육은 선택된 학생을 위한 경로가 아니라, 모든 사람이 '일하며 살아갈 권리'를 지키기 위해 반드시 배워야 할 교양이다. 이제는 고등학교에서부터 배울 수 있어야 한다. 모든 학생은 자신의 삶과 노동에 대해 질문할 수 있어야 하며, 교육은 그 질문에 응답할 수 있어야 한다.

보론 2.
우리나라와 호주의 VET 시스템 비교

NCS 기반 직업교육 체계, 그 작동 원리를 다시 묻다

한국은 직무 중심의 인적자원개발을 위해 2013년부터 국가직무능력표준(NCS)을 도입해 왔다. 이 표준은 산업 현장에서 요구되는 지식, 기술, 태도 등을 능력 단위 단위로 정리하고, 이를 기반으로 교육훈련과 자격제도를 개선하는 것을 목적으로 한다. 한국의 직업교육훈련 정책은 이후 다양한 영역에서 'NCS 기반'이라는 표현을 사용해 왔으며, 특히 학습 모듈 개발, 훈련과정 인증, 과정평가형 자격 등에 이를 적용하고 있다.

한편, 호주는 NCS(National Competency Standards)라는 개념을 가장 오래전부터 사용해 온 대표적인 국가로, 현재는 이를 바탕으로 한 Training Package 체계와 그 실행 가이드(Companion Materials)를 통해 직업교육, 자격, 평가 체계가 유기적으로 연결되어 있다. 호주 사례는 단지 개념상의 유사성만이 아니라, 제도와 운영 측면에서도 한국의 직업교육정책과 자주 비교되는 참조 지점이 되어왔다.

이에 이 글에서는, 호주의 Training Package 시스템과 그 보조자료(Companion Material)를 한국의 NCS 및 학습 모듈과 비교함으로써, 우리의 직업교육 체계가 산업에서 실제로 필요로 하는 역량을 충실히 추출하고 이를 기준으로 잘 구조화하고 있는지, 그리고 그것이 교육훈련 현장에서 제대로 전달되고, 학습자들이 의미 있게 성취할 수 있는 구조로 설계되어 있는지를 점검하고자 한다. 단순한 내용의 비교를 넘어서, 각 체계가 어떻게 작동하고 있는지, 누가 설계하고, 누가 평가하며, 어떤 수준까지 자율성이 보장되는지를 중심으로 구조적 차이를 분석하고자 한다.

이를 위해 다음과 같은 열두 가지 분석 기준을 설정하였다:

설계의 정당성과 구조
1) 산업계 주도성
2) 개발조직의 지속성
3) 수행 내용과 수행 준거의 명확성

교육훈련의 실행 가능성

   4) 과정 개발의 용이성

   5) 과정 전달의 수월성

   6) 교육훈련기관의 역할

학습성과의 판결 기준

   7) 성취 준거의 명확성

   8) 성취 준거와 수행 준거의 정합성

   9) 측정의 명확성과 Grading의 명료성

자격 체계와 유연성

   10) 자격과의 관련성

   11) 다른 Unit과의 연계성과 조합 가능성

   12) Skill Set 등 소규모 자격 과정 개설의 용이성

이 비교를 통해, 한국의 NCS 기반 시스템이 표방하는 철학이 실제 작동 구조에서 구현되고 있는지, 혹은 형식적 선언에 머물러 있는지를 냉정하게 점검해 보고자 한다.

1) 산업계 주도성

호주의 직업훈련 체계는 산업 주도성(Industry-led)이 매우 강하다. 각 산업 분야의 직업 및 기술 위원회(JSCs: Jobs and Skills

Councils)[15]가 직무별 표준(Unit of Competency)을 기획하고 이를 기반으로 자격(Qualification)과 훈련 패키지(Training Packages)를 구성한다. 산업계는 실질적인 권한을 가지고 있으며, 정부는 훈련 패키지의 검토 및 등록 승인 역할만을 수행한다. 이에 따라 산업 수요와 훈련 내용 간의 정합성이 매우 높고, 산업 변화가 훈련 체계에 비교적 빠르게 반영된다.

JSC의 기능은 (1) Workforce Planning, (2) Training Product Development, (3) Implementation, Promotion and Monitoring, (4) Industry Stewardship이다. 현재 총 10개의 JSC가 있다.[16]

① Skills Insight: Agribusiness, Fibre, Furnishing, Food, Animal and Environment Care, Clothing and Footwear 등
② Service and Creative Skills Australia: Arts, Personal Services, Retail, Tourism and Hospitality 등
③ Powering Skills Organization Ltd: Energy, Gas and Renewables
④ Future Skills Organization: Finance, Technology and Business
⑤ Manufacturing Industry Skills Alliance: Manufacturing &

---

15) 2021년까지는 Industry Skills Councils라고 불리었다.
16) https://www.dewr.gov.au/skills-reform/jobs-and-skills-councils. (2025. 06. 19. 검색)

engineering
⑥ Mining and Automotive Skills Alliance: Mining and Automotive
⑦ Industry Skills Australia: Transport and Logistics
⑧ Public Skills Australia: Public Safety and Government
⑨ Human Ability: Aged and Disability, Children's Education and Care, Health, Human Services, Sport and Recreation
⑩ Build Skills Australia: Building, Construction, Property and Water

반면, 한국의 NCS는 산업계 참여를 강조하지만, 실제 설계 주체는 정부(고용노동부) 위탁을 받은 연구기관 또는 컨설팅 조직이다. 산업계는 자문이나 인터뷰 등의 형식적 절차에 참여하지만, 기준의 기획과 설계 권한은 거의 없다. 결과적으로 산업계의 책임과 몰입도는 낮고, 표준의 생명력도 떨어진다. 현장성이나 시의성을 확보하기 어려운 구조다.

2) 개발조직의 지속성

호주의 체계는 개발조직이 지속적이고 상설화된 구조로 운영된다. JSC는 장기적으로 유지된다.[17] 한국은 반대로 프로젝트형 연구개발 구조다. NCS와 학습 모듈은 한시적 용역사업으로 개발되며, 개발자가 계속 바뀌고 설계 원칙도 일관되지 않는다. 평가도구, 자격 기준과의 연계도 단절되어 있어 후속 관리 체계가 사실상 없다. 이에 따라 표준의 신뢰성과 통합성이 낮아진다.

3) 수행 내용과 수행 준거의 명확성

호주의 Unit of Competency는 Element(작업 단계)와 Performance Criteria(수행 기준)를 명확히 나누고, 실제 수행 시 필요한 성과 증거(Performance Evidence)를 명시한다. 이 구조는 '무엇을 해야 하는가?'뿐 아니라, '어떻게 입증될 수 있는가?'까지 제시한다. 예를 들어, 특정 작업을 '안전하게 수행한다'라는 기준에는 구체적인 수행 내용, 안전 장비 사용 여부, 결과물 제시까지 포함된다. 이는 평가와 연계되며 관찰 가능성과 명료성을 높여준다.[18] 한국의 NCS는 능력 단위 요소와 수행 준거라는 유사 구조로 되어 있으나, 대부분 행동 중심 진술에 그치고 결과물의 구체성이나 측정 가능성은 희박하다. 예를 들면, '정보를 수집한다', '문서를 작성한다' 등은 수준이나 완성도 없이 진술되어, 훈련자와 평가자 간 해석 차이를 발생

---

17) 2023년부터 호주 정부는 기존의 IRCs(Industry Reference Committee)와 SSOs(Skills Service Organizations)를 합하여 JSC를 운영하고 있다(https://www.voced.edu.au/vet-knowledge-bank-getting-know-vet-overviews-industry-leadership). (2025. 06. 19. 검색)

18) https://www.asqa.gov.au/about-us/vet-sector-overview/training-packages. (2025. 06. 19. 검색)

시킬 수 있다.

4) 과정 개발의 용이성

호주에서는 훈련과정 개발 시 Training Package 전체를 기반으로 설계하기 때문에, 어떤 Unit을 조합하면 어떤 자격(Qualification)이 되고, 해당 자격의 핵심역량(Core Units)과 선택역량(Elective Units)은 무엇인지가 정형화되어 있다. 따라서 교육훈련기관(RTO)은 이 구조를 그대로 활용하거나 자체 재조합하여 과정 개발이 가능하다. Companion Volume에는 학습경로와 사례도 제시된다. 한국은 NCS와 학습 모듈이 완전히 분리되어 개발된다. NCS는 기준 중심 문서이고, 학습 모듈은 수업 설계 문서이나 교육훈련기관이 활용하기엔 너무 길고 비현실적이다. 또한 어떤 능력 단위를 어떻게 조합해야 자격이 되는지, 어떤 학습자에게 어떤 경로가 적합한지는 기준이 없이 해석에 맡겨진다.

5) 과정 전달의 수월성

호주의 훈련 패키지 체계는 교육·훈련의 전달(Delivery) 방식까지 적극적으로 지원한다. Companion Volume Implementation Guide(CVIG)에는 훈련 상황별 전달 전략, 교수법, 학습자 특성 대응 방법(예: 성인학습자, 원거리 학습자 등)이 제시되어 있다. 이를 통해 RTO(Registered Training Organization)는 자신의 상황에 맞게 현장훈련, 온라인, 시뮬레이션 등 다양한 방식으로 훈련을 설계할 수 있다.[19] 한국의 학습 모듈은 수업 지도서 형식으로 되어 있어 형식상으로는 전달 전략이 포함되어 있다. 그러나 실제로는 내용 진술 위주로만 구성되어 있고, 다양한 교수전략이나 학습자 맞춤형 접근은 부족하다. 특히 교육훈련기관이 모듈을 그대로 쓰지 않고 자체적으로 구성하려면 참조할 수 있는 지침이나 가이드라인이 부실하다. 교사나 훈련자가 개별적으로 재해석해야 하는 부담이 크다.

6) 교육훈련기관의 역할

호주에서는 RTO(Registered Training Organization)가 훈련과정 개발, 학습자 평가, 자격 수여까지 담당하는 중심 주체다. RTO는 Training Package를 기반으로 교육과정을 자율 설계할 수 있으며, 각종 조건(교강사 자격, 평가 절차 등)을 충족하면 공식적으로 자격 수여권도 갖게 된다. 이로 인해 기관의 자율성, 책무성, 전문성이 균형 있게 작동한다. 한국의 교육훈련기관은 교육과정 운영의 주체이긴 하지만, 자격 부여는 전적으로 별도의 국가기관(예: 한국산업인력공단)이 수행하며, 교육훈련기관은 훈련 실행에만 제한적으로 관여한다. 과정 설계나 평가도구 개발에서도 기관의 권한이 매우 제한적이고, 대부분은 정부가 제작한 모듈이나 인증 과정을 그대로 운영해야 한다.

---

19) https://vetnet.gov.au/Public%20Documents/TAE%20v2.1%20Implementation%20Gu ide.pdf. (2025. 06. 19. 검색)

7) 성취 준거의 명확성

호주는 Unit of Competency 안에 성취를 입증할 수 있는 기준(Performance Evidence, Knowledge Evidence)을 명시한다. 이를 통해 '학습자가 성취했다고 볼 수 있는 수준'이 무엇인지, 어떤 결과물을 통해 판단하는지가 정량적·정성적으로 모두 명확히 정리되어 있다. 예를 들어, 특정 작업을 평가할 때는 작업 완성도, 안전 수칙 준수, 팀 협업 여부 등 다차원적인 성취 준거가 적용된다.[20] 한국의 경우 능력 단위 자체에는 성취기준이 명시되어 있지 않다. 수행 준거는 주로 행동 묘사이고, 성취의 수준(Level), 깊이, 결과물의 형태 등은 학습 모듈이나 별도의 평가도구 설계 문서에서 보조적으로 나타난다. 그러나 공식 문서상에는 성취 준거라는 개념 자체가 제도화되어 있지 않다.

8) 성취 준거와 수행 준거의 정합성

호주 체계는 Element → Performance Criteria → Evidence로 이어지는 구조를 통해 '무엇을 해야 하며', '그것이 어떻게 판단되어야 하는지'가 구조적으로 정합(Alignment)되어 있다. 이러한 흐름은 훈련과 평가, 자격의 명확한 연결고리를 제공한다.[21] 반면, 한국의 NCS는 수행 준거는 있으나 성취기준이 명확하지 않아 양자 간 정

---

20)　Commonwealth of Australia(2024), 『Training Package Organising Framework』.
21)　Commonwealth of Australia(2024), 『Training Package Organising Framework』.

합성 자체가 쉽지 않다. 학습 모듈에서 제시되는 평가 기준은 수행 준거와 내용상으로 연결되어 있지만, 공식적 체계 내에서는 분리되어 있어 정합성은 실질이 아닌 '운'에 가깝다.

9) 측정의 명확성과 Grading의 명료성

호주의 체계는 평가 기준만이 아니라 어떻게 측정할 것인지, 무엇을 증거로 판단할 것인지, 누가 판단할 수 있는지에 대한 조건(Assessment Conditions)을 Unit 문서 내에 명시한다. 이로 인해 학습자 성취에 대한 평가를 측정할 수 있으며 공정한 조건에서 수행되도록 보장된다. 또한 합격/불합격 외에도 다양한 등급화(Grading)[22]가 가능한 구조이며, RPL(경력 기반 인정)도 이와 연결되어 설계된다.[23] 한국은 평가가 주로 수행 체크리스트 형태로 운영되며, 문서마다 형식이 상이하고, 체크 항목 자체도 실질적 구분이 모호한 경우가 많다. 정량적인 점수화나 등급화 체계가 없거나, 기관 재량에 맡겨져 있으며, 측정의 명확성과 신뢰도가 낮다. 따라서 같은 능력을 다르게 평가하거나, 평가 편차가 커질 수 있는 구조적 한계를 안고 있다.

---

22) 일반적으로 'Competency Achieved – Satisfactory'; 'Competency Achieved – Credit'; 'Competency Achieved – Distinction' 순으로 Grading이 매겨진다. 만약 통과를 못 하면 'Competency Not Achieved'로, 시작 전에 포기하면 'Withdrawn – No Participation', 시작 이후에 포기하면 'Withdrawn After Participation'이 된다.

23) Commonwealth of Australia(2024), 『Training Package Organising Framework』.

10) 자격과의 관련성

호주의 훈련 체계에서는 Qualification(자격) 자체가 Training Package의 일부로 정의된다. 자격은 곧 Unit of Competency의 조합 기준이며, 자격을 취득하기 위해 어떤 Unit을 이수해야 하는지, 필수(Core)/선택(Elective) 구성은 어떻게 되는지 등 명확한 자격 설계도와 연결되어 있다. 다시 말해 '훈련 표준 = 자격 기준'이 되는 구조다.[24] 한국은 NCS와 자격 체계(국가기술자격 또는 민간자격 등)가 제도적으로 분리되어 있다. NCS는 훈련기준이고, 자격은 별도로 '직무 분야별 출제기준'에 의해 운영된다. 일부 NCS는 자격 기준과 연동되어 있지만, 제도적 통합은 없으며, 출제기준은 NCS와 다르게 기술되어 있어 학습자나 교사가 혼선을 겪는 경우가 많다.

11) 다른 Unit과의 연계성과 조합 가능성

호주에서는 Unit of Competency가 조합이 가능하고 교차 사용될 수 있도록 설계되어 있다. 같은 Unit이 여러 Qualification에 공통으로 포함되며, Skill Set이나 특화 자격 설계 시 선택 단위로 유연하게 활용된다. 이로 인해 RTO는 교육과정을 다양한 조합으로 구성할 수 있으며, 학습자 또한 개인의 학습경로를 설계할 수 있는 유연성을 가진다.[25] 한국은 NCS 능력 단위가 모듈화 구조를 표방하지

---

24) Commonwealth of Australia(2024), 『Training Package Organising Framework』.
25) Commonwealth of Australia(2024), 『Training Package Organising Framework』.

만, 실제 훈련과정 설계에서는 직무 단위로만 사용되거나 단일 경로로 제한된다. 직업 고등학교나 폴리텍대와 같은 기관에서는 고정된 교과 편성이 주류이며, 능력 단위 간 연계 기준이 부족하다. 또한 능력 단위별 학습 모듈 간에도 내용 중복 또는 비정합이 빈번하다.

12) 소규모 자격(Skill Set) 개설의 용이성

호주의 훈련 체계는 Skill Set이라는 소규모 자격제도를 법적으로 인정한다. 이는 특정 직무능력을 중심으로 설계된 몇 개의 Unit 조합이며, 단기간 훈련 또는 특정 산업 수요에 따라 유연하게 설계·등록할 수 있다. 분야별 역량 인증이 가능하며, 자격 취득까지 가지 않더라도 공식 이수 증명서가 발급된다.[26] 한국에는 Skill Set이라는 제도가 법적으로 존재하지 않으며, 전체 훈련과정 또는 국가기술자격 취득만을 목표로 설계된다. 따라서 단기간의 훈련, 모듈 기반 역량 인증 등은 비공식적인 이수증 또는 민간자격 형태로만 가능하며, 국가자격·공공인증 체계와 연결되지 않는다.

Skill Set은 어려운 개념이 아니다. 요즘 우리 대학에서 논의가 되는 Nano Degree, Micro Credential과 유사한 콘셉트라고 보면 된다. 다만, 호주 직업교육훈련 분야에서 사용되는 특수한 용어이다.

---

26) https://desbt.qld.gov.au/__data/assets/pdf_file/0028/11899/skills-set-factsheet.pdf (2025. 06. 19. 검색)

대한민국 직업교육의 나침반 NCS, 이상과 현실, 그리고 나아갈 길

NCS는 산업 현장에서 직무를 수행하는 데 필요한 능력(지식·기술·태도)을 표준화한 것이다. 고용노동부는 2013년부터 NCS를 산업계 주도라고 하면서 본격적으로 개발하기 시작했고, 2024년 12월 현재 24개 분야, 1,100개 세분류, 13,343개의 능력 단위를 고시하였다.[27] 이는 단순히 직업교육의 효율성 향상을 넘어, 학벌과 스펙 중심의 사회 구조에서 능력 중심 사회로의 전환을 촉진하기 위한 핵심 도구로 자리매김하길 기대한 것이다.

---

27) 고용노동부 홈페이지(https://www.moel.go.kr/policyitrd/policyltrdList.do), (2025. 06. 16. 검색)

NCS, 직업교육의 변곡점

과거 대한민국의 직업교육은 주로 교과서 중심 이론과 정형화된 실습 위주로 구성되었다. 학교가 설계한 커리큘럼에 따라 기계 원리를 배우고 공구를 다루는 교육은, '이론 중심', '학교 중심', '공급자 중심'의 전형적인 모습이었다. 기능반 중심의 제한적인 실습이 이루어졌지만, 급변하는 산업 현장의 요구를 적시에 반영하기엔 한계가 컸다. 이에 따라 학교 교육과 실제 산업 현장 간의 지속적인 불일치(Mismatch)가 문제로 제기되었다.

한편, 4차 산업혁명, 인공지능, 빅데이터 등 새로운 기술의 부상은 기업이 원하는 인재상의 기준 자체를 바꾸어 놓았다. 단순히 지식을 아는 수준을 넘어, '현장에서 곧바로 업무를 수행할 수 있는 실무형 인재'에 대한 수요가 커졌다. 산업과 경제가 팽창하던 과거처럼 기업이 채용 후 자체 훈련으로 인력을 키우던 시대와 달리, 이제는 즉시 투입 가능한 준비된 인재가 요구되는 것이다. 이에 대응하고자 직업교육의 패러다임을 '직무 중심', '현장 중심'으로 전환하려는 시도가 등장했고, 바로 이것이 NCS였다.

NCS는 마치 이론서 대신 실제 주방에서 통하는 조리법과 기술을 가르치려는 시도와 같다. 졸업 즉시 직무를 수행할 수 있도록 교육과정을 재설계하려는 방향 전환이 본격화된 것이다.

이상적인 NCS의 조건과 한국 현실과의 괴리

이론보다 실무를 강조한다고 해서 NCS가 자동으로 성공하는 것은 아니다. 이상적인 NCS가 실현되기 위해서는 다음과 같은 핵심 조건들이 충족되어야 한다.[28]

① 현장 중심성과 최신성(Continuous Development): 산업 현장의 최신 요구를 반영하고, 기술 변화에 따라 지속해서 업데이트되어야 한다. 정해진 주기보다도, 필요성이 발견되면 언제든 개정될 수 있어야 한다.

② 산업계 주도(Industry-led): 현장을 가장 잘 아는 산업계가 기획과 운영의 중심이 되어야 한다.

③ 학습성과 기반(Learning Outcomes Based): 배운 내용이 아니라, 실제로 '할 수 있는 것'에 초점이 맞춰져야 한다.

④ 과정-전달-평가-자격의 정렬(Curriculum-Delivery-Assessment Alignment): 교육과정 설계, 전달 방식, 평가 방법, 자격제도가 유기적으로 연결되어야 한다.

⑤ 유연성과 전이 가능성(Transferability): 특정 직무에 국한되지 않고, 유사 직무로 이동할 수 있는 설계가 필요하다. 직업 중심이 아니라 산업 중심을 택한 이유이기도 하고, 경력 개발의

---

28) 이상적인 조건은 필자의 『호주의 직업교육훈련』 책에 기반을 두고 있지만, 최신 상황도 반영하였다. 필자는 호주 퀸즐랜드주 교육부에서 호주의 VET 시스템을 연구하고 공부를 한 바 있다.

가능성도 고려한 것이다.

하지만 한국의 NCS는 이 기준들에 미치지 못하는 측면이 적지 않다. 필자의 시각에서 볼 때 다음의 문제들이 존재한다. 미시적으로 지적하면 더 많은 문제가 존재한다.

① 정부 주도성의 과잉: 산업계 주도를 표방하지만 실제로는 정부와 연구기관 주도로 일회성 개발팀을 구성하여 추진하고 있으며, 지속성과 축적이 부족하다.
② KECO(고용직업분류) 기반의 한계: NCS가 고용직업분류에 의존함으로써, 유연한 직무 설정이나 산업 변화 반영이 어려워졌다.
③ DACUM 분석 방식의 독점: 현재 존재하는 직무 분석에는 효과적이나, 융합 직무나 미래 직무에 대한 예측 분석에는 부적합하다.
④ NCS 수준과 NQF 수준의 혼동: NCS의 직무 난이도 수준을 학위 수준과 동일시하려는 경향은, 직업교육과 학술교육의 본질적 차이를 혼동하는 위험한 오류를 낳고 있다. 직업교육과 자격은 NQF 수준 체계와 연계될 수는 있지만, 모든 NQF 수준에 맞는 NCS 기반 능력 단위가 만들어질 수 있는 것은 아니다.

NCS, 어디로 가야 할까?

이제 우리는 단순한 추상적 구호나 노력 강조를 넘어, 구조적이고 제도적인 개혁 방안을 고민해야 한다. 다음 세 가지 방향이 핵심이다.

1) 산업계 주도 실현: 구호가 아닌 시스템으로

산업계 주도는 명목이 아닌 운영 시스템으로 제도화되어야 한다. 이를 위해 고용보험기금을 활용해 산업별 협회나 위원회에 NCS 개발·개정 권한과 책임을 실질적으로 위임해야 한다. 정부는 조력자 역할에 집중하고, 산업계가 자체적으로 NCS를 주도할 수 있도록 세제 혜택, 전문가 참여 유인책을 마련해야 한다. 언제까지 '산업계가 안 해서, 준비가 안 되어서, 능력이 부족해서 어쩔 수 없다'라는 구실로 정부가 중심에 있을 수는 없다. 산업계에 거버넌스를 전략적으로 이양할 시점이다.

2) 유연성과 미래 대응력 확보: 분류 체계와 분석 방식 전환

NCS는 산업 중심 분류(Industry Classification)로 개편되어야 하며, KECO 기반은 점차 보조적 수단으로 전환해야 한다. 산업계가 직관적으로 참여할 수 있는 체계가 되어야 하며, 직무 간 전이(轉移) 가능성도 함께 고려되어야 한다. 또한 DACUM 외에도 다양한 직무 분석 방식(예: Functional Analysis, Scenario-based Analysis)을 도입하고, 디지털 플랫폼 기반의 상시 개정 체계를 구축해야 한다. '문서'가 아니라 '시스템'으로서의 NCS가 요구된다.

3) 교육–평가–자격의 정렬: 실질 역량을 증명하는 구조로

교육기관의 NCS 기반 교육과정이 현장과 부합하는지 외부 인증기관에 의한 정기 평가가 필요하다. 이론 시험보다는 현장 중심의 평가도구를 통해 실제 직무 수행 역량을 검증할 수 있어야 한다. 더 나아가 NCS 기반 자격증이 실질적인 능력 증명서로 고용시장에 통용되도록 제도적 연계를 강화해야 한다. 기업의 채용 기준과도 연결되는 구조가 마련되어야 한다.

나침반은 정교하게 조율되어야 한다

NCS는 분명 대한민국 직업교육이 나아갈 방향을 제시하는 중요한 나침반이다. 하지만 이 나침반이 제 기능을 하려면, 정부·산업계·교육기관·학계가 함께 머리를 맞대고, 과거의 시행착오를 넘어서야 한다.

지금, 이 순간에도 수많은 학습자가 NCS 기반 교육을 받고 있다. 그들이 실제 직장에서 능력을 펼칠 수 있도록, 정부는 NCS를 더욱

정교하고 유연하게 다듬어야 할 책임이 있다.

  이상과 현실 사이의 틈새를 메우는 작업이야말로 오늘날 우리가 직업교육훈련이라는 이름으로 해야 할 가장 중요한 일이다.
  직업훈련의 시각으론 한계가 있다.

보론 3.
NCS는 앞으로 어떻게 바뀌어야 하는가?

    NCS는 대한민국 직업교육 체계의 중요한 전환점이 되었지만, 현재는 구조적 한계와 실행의 비효율성으로 인해 그 잠재력을 온전히 실현하지 못하고 있다. 이에 따라 향후의 개편 방향은 단편적인 보완을 넘어서, 전체 거버넌스, 설계 체계, 실행 구조, 수요자 중심성까지 포괄하는 전면적 재설계가 요구된다. 이 글에서는 NCS의 향후 개혁을 위한 아홉 가지 방향을, 정책 구조의 전개 논리에 따라 재구성하여 제시한다.

1. 산업계 주도의 실질화: 시스템 구조의 전환이 필요하다

　NCS 개편 논의의 출발점은 '산업계 주도'라는 원칙을 어떻게 제도적으로 구현할 것인가이다. 지금까지는 산업계 참여가 제한적이었고, 정부 주도의 간헐적 개발 방식에 의존해 왔다. 앞으로는 단순히 참여를 유도하는 수준을 넘어서, 법적·제도적으로 산업계에 개발 및 개정 권한과 책임을 이양하는 방식으로 시스템이 전환되어야 한다. 고용보험기금은 산업별 협회나 위원회(예: 산업별 스킬 위원회)의 운영과 능력표준 개발 활동을 뒷받침하는 재정 수단이 되어야 하며, NCS 개발에 참여하는 기업과 전문가에게는 세제 혜택, 정부 사업 가점, 실질적 인건비 지급 등 실효성 있는 유인책이 제공되어야 한다.

　이와 동시에, 산업계와 교육계, 정부 간에는 역할 분담에 관한 사회적 대타협이 필요하다. 정부의 개입은 사전적·주도적 설계 중심이 아닌, 사후적·보완적 조력자 역할로 전환되어야 한다. 특히 중소기업이나 아직 조직화하지 않은 산업(예: Emerging Industry) 영역에서는 정부가 초기 인프라 조성자 임무를 수행하되, 이후 민간에 이양하는 구조가 바람직하다. 아니면 호주처럼 산업별 위원회에서 차근차근 준비해 가는 것도 좋다.

2. KECO에서 산업분류로:
분류 체계의 패러다임을 바꿔야 한다

'산업계 주도'를 실질화하기 위해서는, NCS 개발의 분류 체계부터 산업계의 인식 방식과 맞닿아 있어야 한다. 현재 NCS는 고용노동부의 고용직업분류(KECO)에 기반하고 있는데, 이는 통계 운영에는 유리하지만, 현장 직무와 산업 조직의 실제 구조와는 괴리가 크다. 산업계는 자신들의 비즈니스와 조직을 '직업'이 아닌 '산업' 단위로 이해하고 있기에, NCS 또한 한국표준산업분류(KSIC) 등을 기반으로 재설계할 필요가 있다.

산업분류 기반 설계는 신산업이나 융합산업처럼 빠르게 변화하는 분야에도 유연하게 대응할 수 있으며, 직무 간 전이 가능성(Transferability)을 자연스럽게 내재할 수 있다. 이는 곧 학습자와 기업 모두에게 효율적이고 직관적인 NCS 체계로 이어진다.

3. 교육-훈련-자격의 정렬:
제도 간 단절을 해소해야 한다

현재의 NCS 기반 교육과정은 실제 직무 역량과 충분히 일치하지 않으며, 자격과 평가도 이와 분리되어 운영되는 경우가 많다. 교육-전달-평가-자격의 일관된 연계(Alignment) 없이는 직업교육이 실질적인 성과를 내기 어렵다. 이에 따라 제3자 인증기관을 통한 NCS 기반 교육과정의 외부 인증제도를 도입하고, 인증받은 교육기관에 대해서는 재정적 지원을 강화해야 한다. 이론 시험 위주의 평가 방식은 지양하고, 실무 중심의 실기·프로젝트·포트폴리오 기반 평가도구의 의무화가 필요하다. 또한 자격을 교육과 고용과 연결하기 위한 시스템도 함께 개편되어야 한다.

하나의 능력 단위가 여러 자격에서 공통으로 활용되거나 재사용이 가능하도록 NCS를 자격 중심의 조합 구조로 설계하고, 학습자는 자신의 필요에 따라 능력 단위를 선택적으로 취득할 수 있어야 한다. 이는 중복 학습을 줄이고, 평생학습과 경력 개발을 동시에 가능하게 하는 기반이 된다.

4. NCS 개발 방법론의 고도화와 전문성 확보가 요구된다

교육과 자격의 정렬(Alignment)을 실현하기 위해서는 NCS 자체가 과학적이고 다양한 방식으로 개발되어야 한다. 현재는 DACUM(데이컴) 분석 방식에 편중되어 있어 미래 직무나 융합형 직무에 대한 분석이 어렵다. 따라서 다양한 직무 분석 방법론-기능 분석(Functional Analysis), 과업 분석(Task Analysis), 시나리오 기반 분석 등-에 대한 매뉴얼과 개발자용 가이드라인을 체계화하여 보급해야 한다.

이러한 분석 방식을 수행할 수 있는 NCS 개발 전문가와 컨설턴트를 양성하는 것도 병행되어야 한다. 이는 곧 NCS의 질적 고도화와 지속적 발전(Continuous Development)의 전제가 된다.

5. 직무 체계도의 공동 설계: 전체 구조의 시야 확보가 필요하다

개별 NCS 능력 단위의 개발을 넘어서, 각 산업 분야에서의 직무 지형(Job Map)을 먼저 설계하는 거시적 접근이 필요하다. 이는 국가와 산업계가 함께 협력하여, 특정 산업에서 어떤 직무들이 존재하고 어떤 연계성과 경로를 갖는지를 체계적으로 도식화하는 작업이다. 이러한 직무 체계도를 기반으로 능력 단위의 개발 순서를 정하고, 교육 설계의 방향성과 경력 경로를 설정할 수 있게 된다.

또한 이 체계도는 디지털 플랫폼에서 운영되며 실시간 업데이트와 피드백 수렴이 가능하도록 설계되어야 한다. 이를 통해 교육기관과 학습자 모두가 언제든 최신 정보를 활용할 수 있는 'NCS 허브' 임무를 수행할 수 있다. 처음에는 엉성할지라도 Version Up의 자세가 요구된다.

6. 유연성과 역동성 확보: 고정된 표준에서 탈피해야 한다

산업 변화가 빠르게 진행되는 오늘날, 고정된 문서 형태의 표준으로는 시대를 따라잡기 어렵다. 따라서 모듈형 표준 설계 방식이 강화되어야 하며, 다양한 직무에서 공통으로 요구되는 '핵심역량 단위(Core Competencies)'를 중심으로 설계하되, 이를 산업별 상황에 맞춰 조합할 수 있어야 한다.

또한 표준 개정은 연 1회와 같은 정기적 방식이 아니라, 필요하면 산업계가 직접 제안하고 반영할 수 있는 상시 개정 체계로 전환되어야 한다.

'NCS+a'를 허용하여, 교육기관과 기업이 자체적으로 추가 역량을 개발하고 확장할 가능성도 인정해야 한다. 이 과정에서 '지식'은 단순한 암기용 지식이 아니라, Embedded Knowledge와 Underpinning Knowledge의 개념으로 체계화되어야 하며, 이는 기술교육, 기초 지식, 직무 수행이 융합되는 형태로 설계되어야 한다.

7. 신산업 및 융합산업 대응 체계의 정비도 요구된다

Emerging Industry와 Convergent Industry 분야는 전통적인 산

업 구조와 달리 명확한 직무 정의가 어렵고, 빠른 기술 변화에 대응해야 한다. 이러한 분야에서는 초기 단계부터 핵심역량 중심의 넓은 표준을 설계하고, '파일럿 프로그램-피드백 수렴-단기 주기 개정'의 선순환 구조를 정립해야 한다.

융합산업에서는 모듈형 NCS 설계를 통해 기존 능력 단위들을 재조합하여 새로운 직무를 정의해야 하며, 공통역량과 전문역량을 구분하여 유연한 자격 설계가 가능하게 해야 한다. 신산업 대응을 위한 전문가 자문단과 시범 운영 체계를 제도화할 필요가 있다.

8. 국가 거버넌스의 정비: 협업 구조를 제도화해야 한다

현행 NCS 개발은 고용노동부와 교육부의 이원적 체계에 따라 비효율이 발생하고 있다. 앞으로는 직업교육과 훈련을 총괄하는 정책 컨트롤타워가 구축되어야 하며, 당장은 공동 기획 및 공동의사 결정 구조부터 정비하는 것이 필요하다. 교육부나 고용노동부 모두 개별 부처의 시각에서 벗어나야 한다.[29]

---

29) 만약 아동 돌봄 기능을 교육부가 계속 유지하려면 교육부를 여성가족부와 통합하는 것이 필요할 수 있다. 그렇다면 교육의 직업교육, 평생교육, 고등교육은 고용노동부의 직업능력 개발 정책, 실업자 훈련 정책과 통합하여 별도의 부처로 분리되는 것도 필요하다. 물론 보건복지부의 노인교육정책도 포함하여야 한다.

또한, 산업계-학계-교육 현장이 삼각 구조로 협력하는 상설 협의체를 법제화하고, 이 협의체가 단순 자문기구가 아니라 실질적인 의사결정 권한을 갖는 구조로 바뀌어야 한다. 교육과정 개발, 평가 기준 설정, 자격 운영 등에서 현장 교사, 산업 전문가, 연구자의 의견이 실질적으로 반영될 수 있어야 한다.

9. 학습자 지향성과 교육의 본질 회복이 중요하다

NCS가 산업 중심으로 설계되더라도, 궁극적으로는 학습자에게 도달하는 구조여야 한다. 따라서 교육기관의 유연한 활용, 학습자의 개별화된 경로 설계, 선(先)이수 역량의 인정, 반복 학습 최소화와 같은 요소가 제도 설계에 내재하여야 한다. 이는 곧 평생학습 체계의 핵심 원리이기도 하다.

직업교육은 산업의 요구만 충족하는 시스템이 아니라, 개인의 성장 경로와 연결된 구조가 되어야 하며, NCS는 그 교차점에서 작동해야 한다.

이상의 아홉 가지 방향은 NCS를 단순한 훈련 도구가 아니라 직업교육과 훈련 시스템의 인프라이자 사회적 계약의 틀로 보려는 관점에서 구성되었다. 이는 단편적 개선이 아니라, 국가 전략의 핵심 기반으로서의 NCS 재설계가 필요함을 의미한다.

전문대학, 고등교육기관인가? 고등직업교육기관인가?:

7개의 질문으로 본 전문대학 제도의 이중성

대한민국의 전문대학은 늘 어정쩡한 경계에 놓여 있다. 법적으로는 고등교육기관이지만, 사회적으로는 고등직업교육기관으로 간주한다. 학사학위를 줄 수 있지만, 여전히 '2년제 대학'으로 불리고, 일부 과정에서는 석사학위까지 줄 수 있음에도 연구기관으로 분류되지 않는다.

그 결과, 정책적으로는 고등교육과 직업교육 사이에서 방향을 잃고 표류하고 있으며, 사회적으로는 정체성이 불분명한 기관으로 인식되고 있다. 이 글은 전문대학이 직면한 제도적 혼란을 일곱 가지 질문으로 풀어본다.

1) 교육부 장관의 규제 권한은 왜 점점 커지는가?

전공심화과정이나 전문기술 석사과정을 운영하려면, 전문대학은 교육부 장관의 '인가'를 받아야 한다. 겉으로 보기엔 '인가제'로 보일 수 있으나, 전문대학의 전문기술 석사과정은 사실상 허가제에 가깝다. 마이스터대 지정이 그렇고, 전문기술 석사 설치도 그러하다. 그 이유는 두 가지다.

첫째, 평가 방식이 정성적 심사 위주(90%)로 구성되어 있고, 둘째, 그 결과에 따라 아예 교육과정 개설의 허용 여부 자체가 갈린다. 대학은 사업계획서를 제출하고, 교육부는 이를 기준으로 70점 이상일 경우에만 허가한다. 이는 '설치가 가능한 대학'과 '설치할 수 없는 대학'을 행정적으로 나누는 사전 허가 방식에 해당한다.

그런데 4년제 대학은 어떠한가? 석사과정 하나 만드는 데 교육부 허가를 받을 필요는 없다. 대학 자율로 가능하다. 같은 고등교육기관이지만, 전문대학은 행정적 통제의 범위 안에 있고, 4년제 대학은 자율성의 테두리 안에 있다.

심지어 수업연한조차도 교육부 장관이 '지정'해야 3년제 과정의 운영이 가능하다. 전문대학의 학사 구조는 학칙이 아닌 교육부 고시에 따라 좌우된다. 전문대학은 고등교육기관이라는 지위를 부여받았지만, 실질적으로는 정부의 간섭을 일상적으로 받고 있다.

2) 재직경력 요건의 본질은 입시제도 우회와 대학 간 갈등관리에 있다

　전공심화과정의 재직경력을 요구하는 규정은 단순히 '직업경력자의 역량을 인정'하려는 데서 그치지 않는다. 본질적으로는 입시제도, 특히 수능 체제를 우회하려는 의도가 반영된 장치다. 대한민국의 고등교육은 지금도 수능 중심의 학령기 중심 체제에 갇혀 있다. 대학은 여전히 입학 성적에 민감하고, 성인학습자에 맞춘 입시제도나 학사 구조는 미비하다. 이러한 기존 대학입시체계로 들어가기 어려운 성인학습자에 새로운 통로를 제공해 주는 방식으로 설계되었다. 이 과정에서 '재직경력'은 입시의 대체 필터로 활용된다.

　전문기술석사과정의 재직경력 요구는 다르다. 이 경력 요건은 4년제 대학과의 균열을 봉합하기 위한 정치적 장치이기도 하다. 4년제 대학들은 전문대학에 '석사'라는 학위 자격이 부여되는 것에 대해 내심 불만이 크다. 이를 잠재우기 위해 교육부는 대상이 다른 학습자라는 점을 강조하고자 경력 제한 조건을 명문화한 것이다. 결국, 이 요건은 입시 체제와 대학 간 이해관계를 조정하기 위한 수단이지, 순수한 교육적 목적에서 나온 설계가 아니다.

3) NCS는 왜 전문대학에는 적용되지 않는가?

　고등학교의 직업 계열 교육과정은 NCS를 기반으로 설계된다. 폴리텍대학도 마찬가지다. 그런데 전문대학은? NCS 적용 의무가 없다. 심지어 일부 전공은 국가자격과 연결되지만, 교육과정은 각 대학이 자율적으로 짠다.

이는 곧 같은 직업교육기관임에도 불구하고, 교육의 기준이 완전히 다르다는 뜻이다. NCS 기반 교육을 받은 고등학생이 전문대학에 진학하면 연결되지 않는 이질적인 학습 체계를 다시 시작하게 된다. 학습 연계성은 단절되고, 교육의 연속성은 무의미해진다.

이 문제는 단지 체계의 부재를 넘어, 전문대학이 직업교육기관으로서의 정체성을 부정하고 있다는 신호일 수도 있다. 반대로 말하면, 교육부가 전문대학을 직업교육기관으로 분명히 정의하지 못하고 있다는 방증이다. 한 부처에서 직업교육기관이라고 불리는 직업고와 전문대의 교육과정의 기준과 원칙이 다르다는 것은 이해하기 쉽지 않다.

4) 전문대학은 기술교육기관인가, 직업교육기관인가?

「고등교육법」 제47조는 전문대학의 목적을 '전문직업인 양성'으로 규정하고 있다. 즉, 직업교육기관이다. 그런데 전문기술 석사과정은 기술교육 고도화를 강조한다. 이는 기술사, 기능장 수준의 기술 역량을 강조하는 것이다. 기술교육기관이다.

전문대학이 '직업교육기관'으로서의 지위에 충실할 것인가, 아니면 '기술교육의 중추'로 확대할 것인가에 대한 정책적 일관성 결여를 만들어 낸다. '기술교육'과 '직업교육'은 비슷해 보이지만 다르기 때문이다.

- 기술교육은 설계, 원리, 시스템 이해를 중시하며 '엔지니어링'에 가깝다.
- 직업교육은 도구 활용, 직무 수행, 고객 응대 등 '직능(Skill)' 중심이다.

그런데 전문대학은 두 방향이 혼재되어 있다. 일부 학과는 기술교육에 가깝고, 일부는 직업훈련처럼 운영된다. 문제는 둘 다를 동시에 추구하면서, 둘 다를 제대로 준비하지 못할 수도 있다는 점이다.

이런 모호성은 졸업생에게 피해로 돌아간다. 취업 현장에서는 기술자도 아니고, 단순 기능인도 아닌 어정쩡한 인력으로 인식되기 쉽다. 전문대학이 자신의 교육 정체성을 명확히 정립하지 않는다면, 그 교육의 가치는 계속 희미해질 것이다.

5) 전문기술 석사는 자격인가 학위인가?

전문기술 석사과정은 논문 대신 프로젝트 보고서, 자격증, 특허 등을 졸업 요건으로 삼는다. 졸업생은 기능장, 기술사 자격을 얻거나 산업체 문제 해결 보고서를 제출하기도 한다. 이쯤 되면 학위

라기보다는 현장형 자격증명 제도에 가깝다. 그런데 동시에 '석사'라는 이름의 학위를 수여한다. 자격제도와 학위제도가 뒤섞이면서 학위의 의미는 모호해졌다. 실제로 기업들은 '이게 진짜 석사인가?'라는 의문을 품을 수도 있다. 자격의 실효성과 학위의 위계성이 충돌하고 있다.

학위는 본래 교육 수준의 결과이고, 자격은 직무 수행의 인증이다. 물론 NQF 시각에서는 모두 Qualification이다. 지금의 전문기술 석사는 이 둘의 경계를 정하지 못한 채, 직무성과를 학위로 바꾸는 시스템에 가깝다. 그 결과 교육의 본질은 흐려지고, 학위의 사회적 신뢰도도 떨어질 위험이 커지고 있다.

6) 전문기술 석사와 일반대 석사의 차이는 무엇인가?

전문기술 석사과정은 실무성과 중심, 일반대 석사과정은 연구와 이론 중심이다. 그런데 둘 다 '석사'라는 학위를 준다. 그렇다면 시민은, 고용주는, 졸업생은 어떤 혼란을 겪게 될까? 그런데 만약 일반대 석사과정도 실무성과가 반영된다면, 그리고 일반대 석사과정도 기술교육 성격(광의로는 직업교육 성격)이 강하다면, 이때 일반대의 석사와 전문대학의 전문기술 석사의 차별점은 무엇인가?

사실상의 차이가 없다면 "이 석사는 어디 출신이지?"라는 질문이 등장할 것이다. 이는 단순히 학벌 차별 문제가 아니라, 학위의 신뢰도와 해석 방식이 불분명하다는 문제다.

7) 호주의 TAFE는 왜 신뢰받는가?

호주의 TAFE(Technical And Further Education)는 호주 교육에서 고등직업교육을 담당하는 대표 기관이다. TAFE는 AQF(호주 자격 체계)에 따라 자격 수준을 구분하고, 학위가 아닌 직업능력 중심 자격을 수여한다. 직업교육훈련과 성인계속교육에서 Level 8 자격(Graduate Certificate, Graduate Diploma) 수여가 가능하다. 이 자격은 학사와 석사의 중간 자격이다.[30]

반면 한국은 NQF가 부재하고, 「고등교육법」이라는 하나의 틀 안에서 전문대학, 사이버대학, 일반대학을 모두 '학위 수여 기관'으로 끼워 넣는다. 그 결과, 전문대학의 직업교육은 학문 중심 학위 체계와 어울리지 않는 껍데기만 빌린 형국이 된다. 자격 중심의 교육체제 재설계가 요구된다. 이게 진짜 교육 개혁이다.

TAFE는 독립된 교육정책, 예산, 인증 체계를 가지고 있지만, 한국의 전문대학은 고등교육 예산도, 직업교육 체계도 모두 빌려 쓰

---

30) 중등 이후 교육의 AQF를 보면, Level 5(Diploma), Level 6(Advanced Diploma, Associate Degree), Level 7(Vocational Degree, Bachelor Degree, Undergraduate Certificate), Level 8(Bachelor Honours Degree, Graduate Certificate, Graduate Diploma), Level 9(Masters Degree), Level 10(Doctoral Degree)이다. 보면, NCS와 연계된 VET 영역에서 Level 8까지 가능한 것을 알 수 있다.

는 기형적 구조다. 이 차이가 바로 TAFE가 신뢰를 받고, 전문대학은 그렇지 않은 이유다.

정상적인 교육체제라면, 고등직업교육은 HE(학문 중심)와는 다른 VET(직업 중심) 트랙으로 구분되고, 학위도 구별된다. 예컨대 호주의 경우 TAFE는 AQF 1~6레벨까지 자격을 수여하고, 대학은 레벨 6부터 석·박사 수준의 학위만 수여한다. 영국, 독일 등도 고등직업교육은 '대체 경로'가 아니라 독립적 경로로서 제도화되어 있다. 한국은 이러한 경로 설계 없이, 이름만 빌려온 학위로 문제를 덮고 있다.

한국처럼 모든 학위를 '석사'로 통일하고 교육 내용은 다르게 구성하면, 사회는 이를 스펙트럼으로 구별하려 들 것이다. 즉, 차별은 없어지지 않고, 오히려 학위에 대한 불신만 증가하게 된다.

교육부는 왜 이렇게 하는가?

전공심화과정은 전문대학이 "우리도 학사학위를 주고 싶다"라고 하자 생겼고, 전문기술 석사는 "우리는 왜 석사 못 주냐"는 요구에 따라 등장했다. 사이버대 전공심화 확대도, 마이스터대도 대학의 요구나 반발을 무마하기 위한 임기응변적 조치였다. 이 이면에는 4년제 대학들이 전문대학에서 잘 운영하던 과정들을 사실상 흡수해 버렸고, 교육부에서 이러한 4년제 대학의 행태에 대해 통제를 하지 않은 것에 대한 전문대학의 불만을 잠재우기 위한 측면도 존재한다. 사이버대도 비슷하다.

교육부는 매번 제도 설계보다 불만 관리를 우선한다. 임기응변이다. 이런 방식은 한 번은 효과를 보일 수 있지만, 결국은 정책의 정합성과 철학을 무너뜨리는 결과를 낳는다. 더 심각한 것은, 마이스터대처럼 법적 근거도 없이 정책을 시작하는 것이다. 마이스터대는 전문대학 중 일부를 선별하여 '고숙련 전문기술 인재 양성'을 위한 교육을 고도화하겠다는 사업이다. 마이스터고의 이미지를 빌려 브랜딩 효과를 노린 것으로 보인다. 그러나 마이스터고와 마이스터대는 제도적 연계도, 법적 정의도, 교육 모델도 전혀 다르다. 마이스터대는 그저 이름만 따온 사업에 불과하다. 이름 하나도 신중하게 지어야 한다.

많은 제도가 법적 근거 없이 예산사업 형태로 운영되고 있다. 교육부는 늘 그래왔다. 정책의 사회적 호응이 높으면, 그것을 성격이 맞지 않음에도 일반화하는 방식으로 제도를 확장한다. 마이스터고가 평가 좋다고 마이스터대 만든 것이 그렇고, 전공심화를 사이버대에도 허용한 것이 그렇다. 논리도, 체계도 없이, '정책 상품'처럼 확장하고 있다. 한국 교육정책의 고질적 병폐이다.

지금 필요한 것은 '학위의 다양화'가 아니라 '경로의 정비'다

이제는 분명히 물어야 한다.
전문대학은 고등교육기관인가?, 고등직업교육기관인가?

만약 고등교육기관이라면 4년제 대학과 유사한 수준의 학문과 연구 중심 구조로 가야 한다. 반대로 고등직업교육기관이라면, 직업교육 전용 트랙, 별도의 학위명, 독립적인 질 관리 체계, 전이 가능한 교육 경로(NQF)가 설계되어야 한다. 그리고 일반 4년제 대학 중에서도 사실상 전문대학과 유사한 교육을 수행한다면 직업교육의 틀 내에서 수용해야 한다.

지금처럼 교육부가 일관성 없는 '허가제도', 임기응변식 예산사업, 자격과 학위의 혼용을 통해 기존 체계를 망가뜨리는 방식으로 문제를 덮는다면, 전문대학의 미래는 제도적으로도, 정체성 면에서도 더 큰 혼란에 빠질 것이다. 전문대학은 고등교육기관일 수 있다. 하지만 동시에 직업교육기관이라는 정체성을 회피해서는 안 된다. 고등교육인가? 고등직업교육인가? 이 질문에 대한 답은, 바로 한국 교육정책이 직업교육을 어떻게 설계하고 있느냐에 달려 있다. 지금처럼은 답이 될 수 없다.

시간제 등록생 제도, 고등교육인가? 평생교육인가?

한국의 「고등교육법」 제36조와 그 시행령 제53조에 근거한 시간제 등록생 제도는, 대학이 입학 자격이 있는 사람에게 정규 학생이 아닌 방식으로 일부 수업을 들을 수 있도록 허용하는 제도다. 이러한 제도는 평생학습사회를 지향하며, 고등교육의 문턱을 낮추기 위한 유연한 등록 방식처럼 보인다. 그러나 실제 제도 운용은 '정규 학생의 축소판' 또는 '편의적 등록 제도'에 머물며, 성인학습자를 위한 고등교육 모델로는 기능하지 못하고 있다. 정확한 통계는 확인하기 어려우나, 간접적으로 학점은행제의 시간제 등록생의 학점인정 현황을 보면, 2023년도에 88,448학점으로 확인된다(2019년

123,462학점).[31]

무엇보다도 이 제도는 성인학습자의 고등교육 접근권을 확대한다는 철학과는 괴리되어 있다. 시간제 등록생은 매 학기 24학점, 연간 42학점 이하로 학점이 제한되고, 학위 취득과도 직접 연결되지 않으며, 정규 학적도 부여되지 않는다. 그 결과, 학습자는 고등교육을 체계적으로 이수하고자 해도 실질적인 진입 경로로 기능하지 못하며, 제도는 형식적 교육 참여에 그친다. 이는 진정한 평생학습형 고등교육이라고 보기 어렵다.

해외 사례와의 비교에서도 한계가 뚜렷하다. 예컨대 미국의 Part-time Student 제도는 대부분 정규 학적을 기반으로 하며, 학위 과정과의 연결이 자연스럽다. 입학 시기, 이수 기간, 학점 이수 방식도 유연하며, 등록 규모는 대학의 자율에 맡긴다. 반면 한국은 입학 정원의 10~50% 범위에서 제한되고, 입학 방식도 청년 중심의 학교생활기록부, 검정고시 성적, 면접 등 전형 중심이다. 시간제 등록생 제도가 직장인, 경력 단절자, 시니어 학습자 등 다양한 학습경로를 고려하지 않고 청년 대상의 축소형 등록제로 설계된 구조적 한계가 드러난다. 이러한 점은 우리의 대학 제도가 학령기 학생의 Full-time student를 기반으로 하고 있고, 이 틀을 바꾸는 것에 대해 부정적이기 때문이다. 즉, 대학과 평생학습의 결합이 쉽지 않은

---

31) 국가평생교육진흥원(2024), 『2023 평생교육백서』.

구조이다.

이러한 점은 유네스코의 국제교육분류체계(UNESCO ISCED 2011)와도 맞지 않는다. ISCED는 고등학교 졸업 후의 비(非)학위(Non-tertiary), 혹은 대학 이전(Post-secondary) 수준의 다양한 과정을 인정하며(Level 4), 성인학습자나 경력 전환자를 위한 유연한 진입구조를 제안하고 있다. 그러나 한국의 시간제 등록제는 이와 같은 중간 수준의 자율적 이수 체계가 없으며, 교육 제도 내에 '부분적으로 들어왔다가 상황에 따라 나갈 수 있는 열린 통로'를 마련하지 못하고 있다.

또한 대학 자율성 측면에서도 과도한 국가 통제가 작동한다. 시행령은 시간제 등록생의 선발 기준, 운영 방식, 수업일수 등을 모두 국가가 정한 한도 내에서만 허용하며, 특히 수도권 대학은 등록 인원의 총합이 정원의 10%를 넘지 못하게 제한하고 있다. 교육과정과 학사 운영은 대학의 기본 권한임에도, 시간제 등록에 있어서는 대학의 독립적 설계 권한이 상당히 침해되고 있는 셈이다.

교육의 질 관리 측면에서도 구조적 문제가 존재한다. 조문(條文)상 '정규학생과 통합' 또는 '분리 운영'이 가능하다고 되어 있으나, 후자의 경우 커리큘럼의 일관성 부족, 교수자의 강의 부담 증가, 평가의 형식화 등 질 관리상의 우려가 크다. 특히 원격대학은 정원의 50%까지 시간제 등록생을 수용할 수 있게 되어 있어, 운영이 수익 중심으로 흘러갈 위험도 존재한다.

결론적으로, 시간제 등록생 제도는 고등교육 진입 경로를 다양화하는 것처럼 보이지만, 실질적으로는 제한된 유입 통로에 불과하다. 제도는 성인학습자에게 실질적 기회를 제공하지 못하고 있으며, 대학의 자율성과 교육의 질 또한 충분히 담보하지 못하고 있다. 일부 대학은 이를 학점은행제를 통한 학위 취득 수단으로 활용할 가능성도 존재한다. '평생학습형 고등교육'을 실현하기 위해서는 제도 설계 철학부터 다시 점검해야 한다.

현재 시간제 등록생 제도에 대한 입법적 태도는, 우리 고등교육 시스템의 전반적 구조가 학령기 학생 중심의 정규 학위과정(Full-time, Degree-seeking System)에 초점을 맞추고 있다는 점에서 기인한다. 대학입시제도, 정원제도, 장학금 및 대학재정지원제도 등 모든 장치가 전통적인 '입학 → 재학 → 졸업'이라는 전형적인 과정을 전제로 설계되어 있다. 이 구조 안에서는 시간제 등록생은 본래의 시스템에 부합하지 않는 '예외적 존재'로 취급될 수밖에 없다.

그러나 시간제 등록생 제도는 단지 예외적 등록 방식이 아니라, 고등교육과 평생교육을 연결하는 전환 모델로 발전해야 한다. 일정한 조건을 충족하면 학위 취득까지 가능하도록 설계되어야 하며, 이는 고등교육 체제의 포용성과 유연성을 높이는 중요한 기반이 될 수 있다. 이를 위해서는 대학입시, 입학 정원 관리, 재정지원 방식 등 고등교육 시스템 전반의 구조적 재설계가 필요하다.

이러한 큰 틀의 전환이 단기간 내에 이루어지기 어렵다면, 현행 제도 내에서의 점진적 조정도 고민해야 한다. 예컨대 「고등교육법 시행령」 제29조는 일정한 범위 안에서 정원 외 입학을 허용하고 있으며, 시간제 등록생 제도를 이를 활용한 입학 유형 중 하나로 재구성할 수 있다. 이 경우 시간제 등록은 제도적으로 보장받으면서도, 대학의 정원 관리를 흔들지 않는 방식으로 수용될 수 있다.

이러한 구조로 전환하기 위해서는 「고등교육법 시행령」 제53조에 규정된 시간제 등록생 선발 기준도 제29조의 취지에 맞게 개편해야 한다. 정원 외 입학의 합리적 수단으로 제도를 재배치하는 동시에, 학위 취득과의 연계 가능성을 제도적으로 명확히 하는 것이다. 이렇게 된다면, 일부 대학들이 시간제 등록생 제도를 학점은행제를 통한 단기 학위 취득 경로로 활용하며 생기는 부작용을 일정 부분 줄일 수 있다. 즉, 시간제 등록이 학위 수단의 편법적 활용이 아니라, 공적 학습경로로서 제도화될 수 있는 길이 열린다.

학원,
사교육인가? 제도 밖 공교육인가?

한국 사회에서 '학원'은 단지 사적 교육기관을 넘어, 하나의 대체(代替) 교육 시스템으로 기능하고 있다. 전국에 약 9만 개의 학원이 등록되어 있으며, 560만 명 이상의 수강생과 36만 명 이상의 강사가 활동하고 있다.[32] 이들은 입시, 예체능, 외국어, 자격시험, 직업훈련 등 전방위적 교육을 수행하고 있으며, 실질적으로는 학교 밖 공교육과 유사한 기능을 수행하고 있다.

이러한 학원의 팽창은 단순히 시험 경쟁 때문이 아니다. 구조적

---

32) 한국교육개발원(2024), 『2024년 교육통계연보』.

으로 보자면, 학원은 공교육의 부재와 실패가 만들어 낸 '제도 밖의 공교육'으로 기능하고 있다. 특히, 현재 학교 교육이 교육과정을 실질적으로 구성하지 못하고, 교과서를 그대로 전달하는 '교과서 수업 체제'에 갇혀 있다는 점은 학원의 성장을 부추긴 핵심 요인 중의 하나이다. 교사가 교육과정을 설계하고, 평가를 주도하며, 학생의 학습 성장을 관리할 수 있는 자율권이 보장되지 않는다면, 학교는 평가 주체로만 남고, 실제 학습은 학원에서 이루어지는 분절 구조가 계속될 수밖에 없다.

이로 인해 학부모와 학생들은 입시 성공을 위한 실질적 학습이 학교 바깥에서 이루어져야 한다고 생각하게 되고, 학원은 이를 보완하는 공간이 아니라 사실상 중심 교육기관이 되는 상황이 벌어진다. 이 같은 현상은 단지 초중고에 국한되지 않는다. 대학생, 성인에게도 학원은 점점 더 주요한 학습공간이 되고 있다. 이는 '직무 중심 학습'이 아닌, '과정 따로, 자격 따로, 시험 따로, 합격 따로'로 분절된 교육 시스템이 만들어 낸 결과다. 이 구조는 필연적으로 스펙(Spec) 추구 문화를 강화하며, 실질 역량이 아닌 증명 가능한 자격증만 쌓는 장롱자격의 악순환을 초래한다.

특히 유아기 영어 사교육의 확산은 심각한 구조적 왜곡을 보여준다. 많은 부모는 조기 영어교육이 자녀의 미래를 보장할 것이라는 믿음을 갖고 있으나, 이는 실제 언어습득 이론이나 현대 사회의 변화와는 거리가 있다. 영어는 이미 AI 번역과 음성인식 기술의 발달로 일상생활과 업무에서 상당 부분 대체되고 있으며, 오히려 중요한 것은 외국어가 아니라 모국어인 한국어에 대한 고차적 이해 능력, 즉 읽고, 쓰고, 듣고, 말하는 능력이다. 언어는 단순 기술이 아니라 사고의 도구이며, 한국어 능력이 부족하면 어떤 외국어도 제대로 사용할 수 없다.

무엇보다 이런 영어 사교육은 '투자 대비 회수(回收) 가능성'이 매우 낮다. 막대한 비용을 들여 조기 사교육을 받게 하지만, 그것이 향후 교육적·경제적 성과로 이어질 가능성은 불확실하다. 부부의 미래 자산과 관계, 가족의 여유와 행복을 희생하면서까지 진행하는 이 투자가 과연 정당한 것인지 사회 전체가 질문을 던져야 한다. 더 나아가 지나친 사교육 강요는 아동의 정서와 인권을 침해하는, 잠재적 아동학대로 작동할 수 있다는 점도 함께 논의되어야 한다. 친권(親權)은 무한하지 않다.

국가는 "사교육비를 줄이자"라고만 말할 것이 아니라, 왜 사교육이 등장했는지, 그리고 무엇이 학원을 이토록 확대했는지를 정확히 설명하고, 이를 바로잡기 위한 구조적 개입을 해야 한다. 공교육의 회복, 지역 기반 학습생태계 조성, 돌봄의 공공화, 학습복지센터와 같은 공공 인프라 확충, 그리고 무엇보다도 교사의 교육과정 자율성과 전문성을 회복하는 일이야말로, 학원 문제를 해결하기 위한 출발점이 될 것이다.

왜 학원이 번성했는가?

한국에서 학원이 이처럼 폭넓게 확산한 이유는 단순히 부모의 교육열이나 입시 경쟁 때문만이 아니다. 실제로는 한국 교육 시스템 전반의 구조적 문제들이 학원의 성장을 불러왔다. 이 현상은 사교육의 범람이라기보다, 제도 밖 공교육이 만들어지고 있는 과정으로 이해할 수 있다.

① 공교육의 기능 부전이다. 현재 학교는 본래의 교육적 기능보다는 행정과 평가 중심의 기능만 남은 채, 학습은 사실상 학원에서 이루어지는 구조가 정착되었다. '역량 중시 교육과정'을 표방하지만, 실제는 그러하지 않다. 역량은 학원에서 길러야 하는 기형적 현실이 일반화된 것이다.

② 한국 사회는 여전히 가족주의 교육문화가 강하게 작동하고 있다. 자녀의 교육 성취는 단순한 개인의 성공을 넘어, 가족 전체의 생존과 연결되는 문제로 인식된다. 특히 지금 40~50대 학부모 세대는 학력 중시 사회에서 성장한 집단으로, 교육은 부모가 책임져야 하고, 자녀를 좋은 대학 보내는 것이 최고라는 인식이 강하게 고착되어 있다.

③ 입시 구조의 복잡성과 계층화도 학원 확산의 주요 원인이다. 수능과 내신, 자기소개서, 대학별 전형, 특목고·자사고 등의 복합적 구조는 입시를 전략 게임처럼 만들었고, 학원은 이 복잡한 정보를 해석하고 조율하는 공간으로 기능하게 되었다.

결과적으로 정부가 사교육 컨설팅 시장을 부추기는 구조를 형성한 셈이 되었다.

④ 점수 중심의 학습관도 학원 확산의 핵심 배경이다. 학습은 평가가 되고, 평가는 점수로 수렴되며, 그 점수는 선발을 결정한다는 등식은 학원의 성과 중심 서비스와 정확히 맞물린다. 학원은 이 흐름에 최적화된 '평가를 대비하는 고효율 플랫폼'으로 작동한다.

⑤ 한국의 제도 자체가 이미 사교육을 전제한 시스템으로 고착되었다. 대학입시, 임용고사, 공무원 시험, 각종 예체능 전형 등 다수의 공적 제도는 사교육을 암묵적으로 전제하고 있고, 제도적으로 이를 배제할 수 있는 장치는 부족하다.

⑥ 학원은 단순히 지식을 전달하는 공간이 아니라, 감정적·문화적 기능을 수행하는 장소로 진화했다. 대형학원은 브랜드, 소속감, 동료의식, 심리적 위안, 정보교환의 공간이 되며, 학습을 넘는 또 하나의 청소년문화공간이 되었다.

⑦ 학교 밖 학습생태계의 부재는 학원의 확산을 구조화시켰다. 청소년을 위한 공공 교육문화시설이 절대적으로 부족하고, 지역 기반 예체능 공간은 없다시피 하다. 그 결과 시장이 이 공백을 채우며 도시 공간 자체가 학원 중심 생태계로 재편되었다. 이것은 학원 산업의 팽창뿐 아니라, 영세 자영업 과잉, 부동산 임대료 상승, 지역별 교육 불균형으로도 연결된다. 사회 시스템을 바꿔야 한다.

⑧ 돌봄의 공공화 실패도 중요한 원인이다. 맞벌이 가족이 보편

화되었지만, 공적 돌봄 시스템은 여전히 부족하다. 이 공백은 학원이 대신 채우고 있으며, 실제로 태권도장, 미술학원, 피아노학원이 픽업 차량을 운행하며 사적 돌봄의 역할까지 수행하는 기현상이 벌어지고 있다.

⑨ 학원이 이 모든 기능을 수행하게 된 것은 결국 정부가 '투자자'로서의 역할을 회피했기 때문이다. 청소년문화센터, 지역학습센터, 공공도서관 등 공공교육 인프라에 대한 투자가 부진했고, 민관협력 투자모델(BTL, BTO 등)조차 제대로 활용되지 않았다. 결국 학원이 공공 기반시설의 역할까지 떠안게 된 셈이다.

학원은 교육문제가 아니라 사회문제이다

이처럼 학원의 존재와 확산은 단순히 교육시장 내 수요와 공급의 문제가 아니다. 학원은 공교육 부재, 돌봄 시스템의 실패, 도시 구조의 왜곡, 계층 재생산의 고착 등 여러 사회문제의 교차점에 존재한다. 학원은 개인의 선택이지만, 그 선택을 유도하고 당연시하게 만든 것은 공공의 실패다.

더 나아가 학원은 공공의 책무를 시장이 대신 떠맡은 상태이며, 이 구조가 고착될 때 시장은 점점 더 공공을 대체하고, 공공은 점점 더 후퇴하게 된다. 이것은 교육의 영역을 넘어 사회의 지속 가능성 자체를 위협한다.

대안은 공공성의 복원이다

학원 문제의 대안은 '사교육비 절감'이라는 단기적 목표로는 해결되지 않는다. 핵심은 교육, 돌봄, 문화, 공간, 시간에 대한 공공성의 회복이다. 이를 위해 다음과 같은 전략이 필요하다.

① 공교육의 기능을 실질적으로 회복해야 한다. 역량교육은 선언이 아니라 실천이 되어야 하며, 프로젝트와 수행 중심 수업이 보편화되어야 한다. 탐구와 글쓰기, 토론과 발표 수업의 실효성 강화는 '보충이 필요한 학생은 학원에 간다'라는 명제를 해체하는 핵심이 된다. 또한 고등교육과의 연계에서는 전공 중심 평가와 선발이 이루어져야 한다. 교과서만 사라져도 사교육 행태는 달라질 것이다.
② 지역 기반 공공 학습생태계를 조성해야 한다. 청소년 복합공간, 학습지원센터, 예체능시설, 자율학습 공간 등을 통합한 지역 교육 인프라가 필요하며, 공공시설이 학원이 수행했던 기능을 점진적으로 흡수해야 한다.
③ 돌봄은 공공의 책임이라는 인식 전환이 필요하다. 방과 후와 방학 중 돌봄을 제도화하고, 지자체와 교육청이 공동 운영하는 공공 돌봄센터를 설치해야 한다. 이는 단지 교육의 문제가 아니라 부모의 노동권, 아동의 복지권 문제이기도 하다.
④ 학습복지센터 모델을 제안할 수 있다. 이는 공공도서관, 청소년센터, 예체능시설, 심리지원 공간 등을 통합한 'Learning

Welfare Hub'로서, 교육과 문화, 건강, 돌봄이 통합된 공공 서비스 공간이다. 학교 밖 교육의 대안을 제공하는 핵심 거점이 될 수 있다.

⑤ 정부의 '투자자'로서의 책임 회복이 필요하다. 공공시설에 대한 민관협력 투자모델(BTL, BTO 등)을 확대하고, 교육청과 지자체가 공동으로 재정을 설계하며, 사회적 기업이나 협동조합 등 다양한 주체가 운영에 참여할 수 있도록 해야 한다.

⑥ 현재 우리 노동시장은 전공이나 직무 역량을 명확히 요구하기보다는, 전공 무관, 직무 무관 채용이나 객관식 중심의 필기시험에 의존하는 경향이 강하다. 이런 구조에서는 사람들은 전공 공부는 따로 하고, 시험 대비는 학원에서 하며, 스펙을 쌓기 위한 사교육 전선에 자연스럽게 투입된다. 이로 인해 직무와 무관한 자격증 취득, 시험형 사교육기관 수강, 단기 합격 중심의 학습문화가 확대되며, 교육과 노동시장 모두가 왜곡된다. 따라서 사교육을 줄이기 위해서는 교육 제도의 개편뿐 아니라, 노동시장의 채용과 인사 시스템도 함께 변화해야 한다. 직무 중심의 채용과 인사관리 시스템을 정착시키고, 직무 역량과 자격이 실질적으로 고려되는 구조로 나아가야 한다. 그래야만 전공과 학습, 채용과 직무가 서로 일치하고, 학습이 실제 일과 연결되는 사회가 가능해지며, 사교육도 구조적으로 줄어들 수 있다.

궁극적으로 학원은 '줄이는 대상'이 아니라, 점진적으로 대체되어야 할 시스템이다. 그리고 그 대체는 공공의 책임과 투자 없이는 불가능하다. 교육과 노동시장, 사회 구조의 혁신이 뒷받침되어야 한다.

선취업 후진학,
일과 학습은 공존할 수 없는가?

"공부할 시간조차 없다"라는 절박한 외침에 응답하기 위해, 우리는 학습휴가제와 같은 시간을 보장하는 제도를 고민했다(후술). 그러나 시간만큼 중요한 것이 있다. "공부할 수 있는 '경로' 자체가 존재하는가?"이다. 바로 이 질문에서 선취업 후진학(후학습) 제도는 시작되었다.

일 먼저, 공부는 나중에?

'선취업 후진학'은 이름 그대로 일을 먼저 시작하고, 이후에 학습이나 진학을 이어가는 경로를 말한다. 이는 한국 교육 제도의 고질적인 문제, 즉 고졸 취업을 일종의 '조기 실패'로 보는 문화에 대한 반론이었다. '한번 노동시장에서 일하기 시작하면, 대학은 다시 갈 수 없다'라는 구조를 깨는 시도였다. 고졸로 직업생활을 시작할 수 있고, 언제든 공부를 다시 시작할 수 있어야 한다는 신념에서 출발한 것이었다.

이 개념은 처음엔 마이스터고 정책의 부속 아이템처럼 다뤄졌다. 그러나 시간이 지나며 우리 사회의 경직된 교육 경로에 던지는 중요한 메시지로 부상했다. 정책적으로 본격화된 계기는 「고등교육법 시행령」 제29조 제2항 14호에 재직자 특별전형이 명시되면서였다. 일정 기간 재직한 근로자가 별도의 전형으로 대학에 입학할 수 있도록 한 이 제도는, 학령기 중심의 입시 체제를 벗어나 성인의 진학 경로를 제도적으로 열어준 시도였다.

재직자 특별전형과 사내대학: 반짝 빛난 개혁의 불씨

당시 가장 주목받았던 제도는 재직자 특별전형과 함께 사내대학이었다. 기업이 자체적으로 대학을 설립하거나 위탁해 운영함으로써, 현장 근로자가 일과 학습을 병행할 수 있도록 만든 구조였다. 이 시기 여러 사내대학이 설립되었고, 이는 기업 인적자원개발과 고등교육 사이의 벽을 허무는 실험적 시도였다.

하지만 그 불씨는 오래가지 못했다. 제도는 현장에서는 여전히 예외로 취급되었고, 실질적인 참여자 수는 미미했다. 진학 경로는 열렸지만, 시간과 제도, 문화가 따라주지 않으면 '그림의 떡'일 뿐이었다.

그래서 시작한 평생교육단과대학 사업

본격적인 실험은 대학 자체를 바꾸는 시도에서 시작되었다. 성인 학습자를 위해, 기존의 평생교육원 체계를 넘어서 '단과대학'을 따로 만드는 사업이 추진되었다. 이것은 하나의 의미 있는 전략이었다. 평생교육원이 아무리 좋은 프로그램을 만들어도, 대학 내부의 의사결정 구조에서는 사실상 '주변부'의 존재에 불과했기 때문이다. 학무회의에 참석할 수 없다.

그러나 단과대학이 되면 '학장'이 생기고, 주요 회의에 참여하게 되며, 대학의 방향성 자체를 움직일 수 있는 주체가 된다. 그리고 그 단과대학에서는 학위과정, 비학위과정, 학점은행제까지 다양한 형태의 교육과정이 가능하도록 설계했다. 이것은 단지 하나의 조직을 신설하는 것이 아니라, 대학의 체질을 바꾸는 과정이었다.

물론 쉬운 일은 아니었다. 당시 교육부 내부(특히 대학정책실)의 반대는 완강했다.[33] 그나마 제도적 타협으로 정착된 것이 평생교육단과대학 사업이었으며, 그것조차 몇 년 만에 'ㅇㅇㅇ 사태' 등의 여파로 제도적 지속성이 흔들렸다. 그러나 그 경험은 대학이 학령기 교육 중심의 전일제 체제만으로는 더는 지속하기 어렵다는 교훈을 남겼다.

여전히 갇힌 정원제, 그래서 제안된 FTE 개념

가장 구조적인 걸림돌은 정원제의 벽이었다. 우리나라 고등교육은 '입학 정원을 기준으로 학생을 받아야 한다'라는 사고에 갇혀 있다. 그런데 성인학습자는 학령기 학생처럼 학위과정을 밟기가 쉽지 않다. 어떤 이는 한 학기에 6학점만 듣고, 또 어떤 이는 6년에 걸쳐 학위를 마칠 수 있다. 시간과 돈의 제약이 크기 때문이다.

이럴 때 적용해야 할 개념이 바로 FTE(Full Time Equivalent) 학생 수이다. 이는 대학이 수여한 학점을 기준으로 역산해 산출하는 개념이다. 이를 적용하면, 실질적으로 수강 중인 학생 수는 많더라도 정원은 유연하게 계산할 수 있어 성인학습자의 수용성이 크게 높아진다.

---

33) 그 이후 규제 완화를 통해 당시 필자가 국장이었던 평생직업교육국에서 주장했던 많은 사안이 대부분 해결되었다. 해결되지 않은 것 중에서 가장 큰 것이 바로 FTE 사고이다.

정원 기준만 바뀌어도 성인을 위한 교육과정은 획기적으로 확장될 수 있다. 교육은 이제 '같은 시간에 같은 과목을 수강하는 사람들'을 대상으로 할 수 없다. 다양한 속도, 다양한 방식, 다양한 목표를 가진 이들을 포용할 수 있는 유연한 계산법이 필요하다. 물론 교육부의 높은 벽에 의해서 이 제도는 도입되지 못했다.

문제는, 대학이 여전히 학령기 중심이라는 점

문제는 대학의 정체성이 변하지 않고 있다는 점이다. 대학은 여전히 주간 수업, 학기제 중심, 학령기 학생 위주의 전일제 체계를 유지하고 있다. 평생교육원은 주변부에 머물고, 성인학습자 전형은 예외로 취급되며, 시간제 등록 제도는 법적으로는 존재하나 활용도는 낮다. 외국의 Part-time Student와 다른 제도이고, 그마저도 최근에는 학점은행제를 통해 학위를 따려고 하는 사람들이 이용하는 편법으로 활용되기도 한다.

게다가 입시 중심의 학사 운영, 재정지원사업의 성과지표, 교육부의 평가 방식 등 모든 체계가 '고등학교 졸업 → 대학교 진학'이라는 한 방향 경로만을 전제로 설계되어 있다. 그 결과, 선취업 후 진학은 제도로서 존재하지만, 사회적 구조 안에서는 작동하지 않는 유령 제도가 되어버린 셈이다.

선취업 후진학은 개인의 선택이 아니라
국가의 선택이어야 한다

'일하면서도 공부할 수 있는 사회', 이 말은 멋지게 들리지만, 지금의 한국에서는 실현되기 어렵다. 그 이유는 너무나 명확하다. 시간이 없고, 제도가 없고, 공간이 없고, 기회가 없기 때문이다. 성인은 이제 교육의 주체가 되어야 하는데, 제도는 여전히 '학령기 청년'만을 바라본다.

당시 추진했던 선취업 후진학 제도는 단지 고졸자에게도 대학 문을 열어주겠다는 정책이 아니었다. 고졸 취업이 후진학으로 이어지고, 그 후진학이 다시 경력 개발로 이어지는 선순환 구조를 만들자는 사회적 기대였다. 이는 진정한 의미에서의 평생학습사회를 구현하기 위한 제도였으며, 학력보다 직무, 성적보다 경력, 경로보다 성장 가능성을 보는 사회로의 전환을 위한 시작이었다.

그런 삶을 선택한 이들이 사회적으로 '우대'까지는 아니더라도, 최소한 차별받지 않아야 한다고 본 것이다. 그런데 현실은 어떤가? 오히려 차별이 구조적으로 내재해 있다.

작은 일화[34] 하나! 우리는 대학생 기숙사를 짓기 위해 온갖 열의

---

34) 일화라고 하는 이유는 필자가 고졸 취업 업무를 하면서 기숙사 문제를 대통령실과 총리실 등에 강조했기 때문이다. 그러나 반향이 없었다.

를 쏟는다. 심지어 지자체와 대학이 경쟁적으로 나선다. 그런데 고등학교 졸업 후 20살 즈음에 노동시장에 바로 진입한 청년 근로자의 주거권 문제는 전혀 관심 대상이 아니다. 대기업에 다니는 일부를 제외하면, 고향을 떠나 타지(他地)에서 일하는 청년 노동자는 열악한 고시원, 반지하방, 쪽방에 머물 수밖에 없다. 이들은 분명 국가를 위해 지금 당장 노동으로 기여하고 있는데도 말이다.

국가 장학금 제도는 또 어떤가? 대학생 장학금은 거의 의무처럼 여겨진다. "등록금 부담이 크다", "청년이 미래다"라는 말과 함께 늘 확대되었다. 반면 고졸 취업자는? 최저임금 수준의 급여로 자립을 해야 하고, 교육비나 주거비에 대해선 별다른 국가 지원이 없다. 직접적인 소득 보조를 하지 않더라도, 적어도 주거권, 문화권, 학습권은 제도적으로 뒷받침해야 하지 않겠는가? 그게 온당한 사회 아닌가?

우리는 늘 말한다. "고등학교 졸업 후 바로 대학을 가는 학생들이 차별을 받아서는 안 된다". 맞는 말이다. 그런데 동시에 이렇게도 물어야 한다.
"그 친구들에 비해, 지금 당장 일터에 뛰어든 동년배 청년은 사회적으로 어떤 대우를 받고 있는가?"
지금은 단지 제도가 부족한 것이 아니라, 사회의 관심과 존중이 부족한 것이다.
선취업 후진학은 이 사회가 직면한 교육 불평등과 청년 불균형 문제에 대한 정면 돌파 시도였다. 그 의미를 단순한 입시제도 하나로 축소해선 안 된다.

그리고 무엇보다, 그런 선택을 한 이들이 차별받지 않고, 다시 배울 수 있으며, 존중받을 수 있는 사회를 만드는 것. 그것이야말로 진정한 의미의 평생학습사회이고, 성숙한 국가의 책임이다. 학습은 권리이고, 후진학은 사회의 책임이다.

그리고 이제, 대학 자체가 바뀌어야 한다. 더는 학령기 학생만을 위한 '전일제 학위기관'으로 머물러서는 안 된다. 대학은 진정한 의미의 평생교육기관으로 탈바꿈해야 한다. 그 과정에는 고통이 따를 것이다. 그래도 입시제도, 정원제, 학사 운영 체계, 재정지원 방식까지 대학의 모든 제도를 처음부터 다시 설계하는 수준의 전환이 요구된다.

학점은행제:
학위 취득과 상업화로 변질된 제도

처음부터 '대학 학위' 중심으로 왜곡된 제도 설계

학점은행제는 1995년 5월 31일 교육개혁에서 '열린 교육 체제'의 하나로 도입되었다. 당시 정부는 누구든지 언제 어디서나 객관적으로 평가받은 학습 과정을 이수하면 학점으로 인정하고, 이것이 누적되면 학위를 취득할 수 있도록 한다는 구상을 발표했다. 그러나 실제로는 학습자의 학습성취(Learning Outcomes)를 평가하는 방식이 아닌, 학점을 부여할 수 있는 '과정'을 사전 승인하고, 이 과정을 이수하면 학점을 주는 구조로 설계되었다.

이로 인해 학점은행제는 초기부터 '표준교육과정' 체계를 갖춘 변형된 대학 모델로 기능하게 되었으며, 결과적으로 학습성취 기반의 열린 제도라기보다, 사전 평가인정 중심의 제도화된 학위 취득 통로로 출발하게 되었다. 제도의 왜곡이 출발부터 내재해 있었다.

제도 설계의 법적 기반과 한계

「학점인정 등에 관한 법률」과 같은 법 시행령은 학점은행제가 구조적으로 학위 중심 고등교육제도에 종속될 수밖에 없도록 설계되어 있음을 보여준다.

- 법 제3조(학습 과정의 평가인정)는 학점인정이 가능하게 하려면 교육부 장관이 사전 평가한 학습 과정이어야 함을 명시하고 있으며,
- 같은 법 시행령 제5조는 해당 과정의 교수자 자격, 교육시설 기준, 교육 내용 등을 정규 대학 수준에 버금가게 평가하도록 규정하고 있다.
- 같은 법 시행령 제17조는 학점은행제를 위한 표준교육과정을 명시하고 있으며, 교양·전공·학위요건 등을 대학교육 체계와 같은 구조로 설정하고 있다.

즉, 법률상으로도 학점은행제는 외국에서처럼 학습의 다양성과

유연성을 인정하는 제도이기보다는, 정규 고등교육의 외형을 따르는 학위 취득 경로로 기능하도록 설계된 것이다.

평생교육의 외피를 쓴 고등교육 시스템의 그림자

이러한 제도 설계는 특히 대학 부설 평생교육원을 통해 학령기 청소년이 지방 대학을 우회하여 서울 내에서 학사학위를 취득하는 현실을 낳았다.

- 서울 도심에 있는 대학 평생교육원이 사실상 '비인가 대학'처럼 운영되면서, 지방대의 공동화가 심화하였다.[35]
- 학점은행제가 입시 회피 수단 또는 비공식 대학교육 통로로 활용되면서, 평생교육 제도의 본래 취지와는 점점 멀어졌다.
- 교육부는 이 같은 왜곡에 대해 대학 규제 방식의 확장을 통해 대응하고 있으며, 이는 국가평생교육진흥원의 행정 권한만 확대하는 결과를 초래하고 있다.

이는 마치 고용노동부가 직업능력 개발훈련을 사전 평가·인정 방식으로 운영하며, 훈련의 실질보다는 행정적 통제의 체계를 구

---

35) 몇몇 대학의 평생교육원은 홈페이지 등을 통해 대대적인 광고를 하고 있다. "○○대 총장 명의의 학위 취득이 가능하다", "수학 기간을 단축할 수 있다" 등의 문구가 가득하다. 과연 올바른가? 자문(自問)해야 한다.

축한 것과 유사한 방식이라 할 수 있다.

'학습권 보장'이 아닌 '수익사업'으로 전락한 평생교육원

결과적으로 학점은행제는 대학 평생교육원을 중심으로 사실상 '학위 판매 모델'로 전락했다.

- 교육의 질이나 학습자 중심 운영보다는, 정해진 학점 취득 구조에 학습자를 맞추는 학위 중심의 상품화 운영이 일반화되었다.
- 평생교육학계 일부도 이 구조에 암묵적으로 동조하거나 제도 유지를 정당화해 왔다.
- 결과적으로 학점은행제는 겉은 평생교육, 속은 고등교육의 파편적 상품이라는 이중 구조로 고착되었다.

학점인정 방식과 질 관리 부재

법 제7조는 학점인정의 대상을 규정하면서, 사전 평가인정을 받은 과정 외에도 일부 자격·문하생·군사교육·해외 교육 경험 등을 학점으로 인정할 수 있는 예외 조항을 포함하고 있다. 그러나 이 인정 방식은 다음과 같은 질적 문제가 내포되어 있다.

- 기능장, 기사, 산업기사 등 자격 취득 시 인정되는 학점 수는 획일적이며, 자격의 학문적 수준, 실질 학습량, 중복성 여부를 고려하지 않는다.
- 예컨대 산업기사는 전문대 수준, 기능장은 대학과 무관한 현장 기능 중심 자격이지만, 이들이 학사학위 취득에 연결되는 구조가 제도화되어 있다.
- 이로 인해 학점은행제는 자격 전환 학점, 학습 과정 이수 학점, 문하생 경력 인정 등 여러 출처의 학점을 혼합하여 형식적 기준만 충족하면 학위를 부여할 수 있는 시스템이 되어버렸다.

이러한 현실은 비형식·무형식 학습을 학습자 중심으로 평가하여 인정한다는 선행학습경험평가인정(RPL: Recognition of Prior Learning)의 철학과는 전혀 다른 제도임을 분명히 보여준다.

해법은? 학점 부여 방식의 근본적 전환

학점은행제를 본래의 취지에 맞게 학습의 성취를 공적으로 인정하는 제도로 개편하려면, 다음과 같은 구조적 전환이 필요하다.

① **학위 중심이 아닌, 학습성취를 학점으로 전환하는 방식으로 제도를 재설계:** 학점은 정해진 과정을 이수했다는 이유로 부여되는 것이 아니라, 학습자가 무엇을 성취(Learning Outcomes)했

는지를 바탕으로 평가를 거쳐 인정되어야 한다.

② **사전 과정 평가 방식에서 탈피하여, 결과 중심 평가 체계로 전환:** 현재의 '과정 → 평가인정 → 학점' 구조에서, '학습성취 → 평가 → 학점' 구조로 전환해야 하며, 이를 통해 교육의 유연성과 수요자 중심성을 확보할 수 있다.

③ **RPL(학습성과 인정 체계)의 도입과 제도화:** 비형식·무형식 학습의 포괄적 인정이 가능하도록, 표준화된 학습성과 기준과 국가자격 체계(NQF: National Qualification Framework) 기반의 평가 방식을 마련해야 한다. 직업교육은 NCS 기반으로, 고등교육은 대학 사회의 합의된 기준을 바탕으로 학점으로 전환하는 작업을 해야 한다.

④ **교육계좌제와의 통합적 운영:** 학습자가 생애 전 주기에 걸쳐 축적한 학습성취를 교육계좌에 기록·관리하고, 필요할 때 이를 학점으로 전환하거나 자격의 취득에 활용할 수 있는 시스템으로 발전시켜야 한다.

⑤ **대학 중심으로 학위 수여 권한 재편:** 학점을 활용한 학위 수여는 궁극적으로 대학이 책임지는 것이 타당하다. 평생교육원은 성인학습자의 학사과정을 지원하는 보조적 조직으로 기능해야 하며, 학점과 무관한 평생학습 과정을 운영하는 기관으로 재편되어야 한다. 학점은행제 과정 운영이 주된 평생교육원은 평생교육 본래의 취지를 살리는 방향으로 조속히 개편되어야 한다. 대학의 참된 자정 노력이다.

학점은행제의 재구조화 없이 평생학습 체제는 없다

학점은행제는 그 설계 구조상 정규 고등교육의 대체재, 학위 취득 통로, 입시 회피 경로, 수익 중심의 평생교육 모델 등으로 왜곡되었다. 이는 단순한 정책의 실패가 아니라, 학습권 보장이라는 철학의 실종, 그리고 제도 설계의 본질적 오류에서 비롯된 문제다.

지금처럼 방향 전환 없이 학점은행제를 지속 운영한다면, 평생교육은 학습자 중심의 체제가 아니라, 제도적 왜곡과 수익 논리가 결합한 변형된 고등교육의 그림자로 남을 것이다. 그리고 지금도 구조조정의 어려움이 있는 지방대에 숨은 복병으로 계속 자리 남을 것이다.

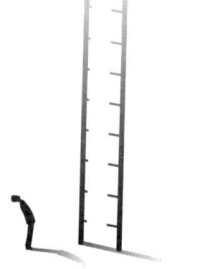

선행학습경험평가인정(RPL), 제도는 생겼지만, 책임은 없는 제도

우리나라 고등교육 체계에서는 Recognition of Prior Learning, 즉 '선행학습경험평가인정(RPL)'이라는 개념이 존재한다. 「고등교육법」 제23조 제1항 제6호에 따라, 학교 밖에서 이루어진 학습경험을 대학 학점으로 인정할 수 있는 법적 근거가 마련되어 있으며, 그 시행령에서는 "졸업에 필요한 학점의 4분의 1 이내에서 대학의 학칙으로 정한다"라고 명시하고 있다. 언뜻 보면, 평생학습 시대에 걸맞은 유연하고 개방적인 제도로 보인다.

그러나 실제 상황을 들여다보면 이 제도는 놀라울 정도로 방치되어 있다. 제도는 존재하지만, 그것이 어떻게 작동해야 하는지에 대한 국가 차원의 가이드라인이나 질 관리 기준은 없다. 교육부는 제도를 법률에 규정했지만, 실제 운영은 각 대학이 학칙으로 자율적으로 정하도록 위임했다. 이 말은 곧, "우리는 틀을 만들었으니, 운영은 알아서 하라"는 것과 같다.

실제로 많은 대학에서는 RPL을 학점인정이나 전적(前籍) 대학 학점 이수 인정과 거의 같은 수준으로 해석하고 있고, 4년제 대학일수록 RPL을 별도의 교육정책으로 인식하지 않는 경우가 많다. 대학은 대부분 RPL을 단순한 Credit Transfer 방식의 학점 대체 도구로 취급하며, 학과별로 재량껏 판단하는 것으로 추정된다. 이러한 현실은 제도의 철학적 기반과 교육적 가치가 뿌리내리기도 전에, 행정적 부담과 질 관리 회피라는 이유로 제도의 가치가 흐려지고 있다는 사실을 보여준다.

호주의 경우, RPL은 고등교육(HE)과 직업교육훈련(VET) 양쪽에서 모두 중요한 제도로 정착되어 있다. 특히 VET 분야에서의 RPL 운영은 매우 체계적이고 정밀하게 설계되어 있다. 호주 VET 체계는 우리나라의 국가직무능력표준(NCS)과 유사한 Training Package를 기반으로 하며, 모든 자격은 Unit of Competency라는 세분된 학습 단위로 구성되어 있다. 이로 인해 경력자나 비형식 학습자의 신청이 들어오면, 심사자는 해당 Unit의 평가 기준, 지식 요소, 성취기준에 따라 정량적·정성적 평가를 할 수 있다. 평가 방식도 다양하며, 포트폴리오, 업무 기록, 업무 시연, 고용주 진술서 등 다양한 Evidence를 기반으로 진행된다. 무엇보다도, 호주에서는 이러한 과정을 통해 Full Qualification(전체 자격)을 인정받는 것이 가능하다.[36] 일부만 인정된다면(Partial Qualification) 그 나머지 부분만 이수하면 된다. 실제로 TAFE와 같은 공공직업훈련기관은 이 RPL 기반의 평가를 많이 해본 경험을 축적하고 있다.

고등교육(HE) 영역에서도 RPL은 활발히 운영되지만, VET처럼 NCS 기반이 아니기 때문에 별도의 평가 시스템이 존재한다. 대학은 각 전공 단위에서 Learning Outcomes를 기준으로 학점인정을 판단하며, Griffith University와 같은 사례에서는 RPL을 최대 3분의 1까지 인정하는 체계를 두고 있다. 인정 정도는 대학마다 다르다. 그렇다고 Full Qualification이 가능하지는 않다.

흥미로운 점은, 호주에서 RPL을 단일 방식으로 운영하지 않고, 무려 일곱 가지 방식으로 세분화해 놓고 있다는 것이다. 학습자가 과거 이수한 과목이 현재 과목과 같으면 '지정 학점(Specified Credit)'으로 인정하고, 비슷하지만 일치하지 않으면 '비지정 학점(Unspecified Credit)'으로 처리한다. 아예 한 학기의 묶음 학점으로 인정받는 'Block Credit', 일시적으로 조건부로 인정하는 'Provisional Credit', 과목 내 일부만 이수한 것으로 인정받는 'Partial Credit' 등은 모두 학습자의 다양성과 학문 간 유사성, 유연

---

36) 김환식(2010), 『호주의 직업교육훈련』.

한 학사 운영을 반영하려는 조치이다.[37] 이 중에서도 특히 과목 내부의 단위 요소만 인정하고, 나머지 부분만 이수하게 하는 방식은 한국에서는 존재조차 하지 않는다.

이러한 구조적 차이는 결국 제도의 관점 차이에서 비롯된다. 한국에서는 RPL을 여전히 '예외적인 제도'로 취급한다. 일정 요건을 갖춘 자만 제한적으로 신청할 수 있고, 인정은 예외적으로 이뤄지며, 인정 비율도 매우 낮다. 반면 호주는 RPL을 '학습권 실현의 한 방식'으로 보고 있다. 경력자, 비정규 학습자, 학력 단절자 모두에게 문을 열어주는 도구이자, 학위 이수와 자격 획득을 위한 정규 수단으로 RPL을 활용하고 있다.

따라서 우리나라의 RPL 제도를 바로잡기 위해서는 먼저 RPL을 보는 관점 자체가 바뀌어야 한다. 그것은 학습자의 권리를 실현하기 위한 제도여야 하며, 대학의 선택이 아닌 국가의 책무로 설계되어야 한다. 이를 위해서는 교육부가 법령을 넘어선 표준 운영 매뉴얼을 마련하고, 대학협의체와 함께 표준화된 절차, 증거자료 목록, 심의 기준, 질 관리 체계를 수립해야 한다. 학과에 따라 판단이 다르고, 교수 개인의 재량으로 결정되는 방식은 RPL 제도를 불신으로 몰아가는 가장 위험한 방식이다.

---

37) Griffith University(2024), Procedure of the Credit and Recognition of Prior Learning.

또한 RPL이 과거의 학습을 단순히 '인정'해 주는 제도가 아니라, 미래의 학습을 '설계'하는 도구라는 인식이 필요하다. 한국이 진정으로 평생학습사회로 나아가려 한다면, RPL은 선택적 제도가 아니라 필수적 기반이 되어야 한다. 지금처럼 제도만 있고, 그 제도를 작동시킬 구조와 책임이 없는 상황은 단지 형식적 개혁일 뿐이다.

이제 한국도 RPL을 새로 써야 한다.

독학사 제도, 고등교육의 본질을 묻다

독학사 제도는 정규 고등교육기관을 거치지 않고 자기주도학습(Self Directed Learning)과 국가가 주관하는 인정시험의 단계적 통과만으로 학사학위를 취득할 수 있도록 설계된 국가 고등교육 자격제도이다. 이 제도는 「독학에 의한 학위취득에 관한 법률」(1990. 04. 07. 제정, 1990. 12. 27. 시행)을 근거로 운영되며, 형식교육 이외의 학습경로를 제도화하여 학위 취득 기회를 주려는 국가 차원의 시도였다.

- 대학 진학 기회의 제약 속에서 학습권 보장과 교육 기회의 확대라는 명분이 제도적 출발점이었다.

- 당시에는 방송대 외에 고등교육을 공적으로 이수할 수 있는 대안적 경로가 사실상 부재했던 상황이 고려되었다.

독학사 제도는 4단계 인정시험을 거쳐 학사학위를 취득하는 구조이다.[38]

단계	시험명	시험 방식	특징
1단계	교양과정 인정시험	객관식	교양 기초 수준
2단계	전공기초과정 인정시험	객관식	전공 입문 수준
3단계	전공심화과정 인정시험	객관식 + 주관식 (80자 내외 서술형)	전공 전문성 평가
4단계	학위취득 종합시험	객관식 + 주관식 (80자 내외 서술형)	학위요건 종합 평가

- 총 시험 과목 수: 통상 23과목 정도
- 학위 종류: 11개 전공(국어국문학, 영어영문학, 심리학, 경영학, 법학, 유아교육학, 가정학, 컴퓨터공학, 정보통신학, 간호학, 행정학)
- 특이사항
  - 유아교육학 및 정보통신학 전공 : 전공심화과정 인정시험 및 학위 취득 종합시험만 시행
  - 간호학 전공: 학위 취득 종합시험만 시행
  - 중어중문학, 수학, 농학 전공 : 폐지 전공으로 기존에 해당

---

38) 국가평생교육진흥원(2025), 『2025년도 독학학위 취득시험 시험 안내』.

전공 학적 보유자에 한하여 응시 가능
- 운영 기관: 국가평생교육진흥원(주무 부처: 교육부)
- 학점은행제와 연계: 「학점인정 등에 관한 법률」 제7조에 따라 독학학위제로 합격한 과목은 학점으로 인정[39]
    - 1단계: 1과목당 4학점, 최대 20학점
    - 2~4단계: 1과목당 5학점, 단계별 최대 30학점
- 종합시험 합격 기준: 총점(600점)의 60%(360점) 이상 득점, 전 과목(6과목) 60점 이상 득점

제도적 문제점: 교육 없는 학위의 위기

① **과정 없는 자격이라는 철학적 문제:** 독학사는 교육의 과정 없이 시험만으로 자격을 수여하는 제도이다. 이는 "학위란 단순히 지식의 양을 측정하는 결과인가?, 아니면 교육적 경험과 성찰의 총체인가?"라는 학위의 본질에 대한 철학적 물음을 제기한다. 시험 통과만으로 학위가 부여된다는 점에서, 지적 훈련, 토론, 피드백, 상호작용 등 고등교육의 핵심 가치가 제거되어 있다. 객관식 위주의 평가 체계는 비판적 사고력, 탐구력, 창의력 등을 계량화하기 어려운 구조이다.

② **방송대와의 비교를 통해 확인되는 교육적 결핍:** 방송대는 정

---

39) 국가평생교육진흥원 독학학위제 FAQ. (2025. 06. 15. 검색)

규 수업 과정, 교수자, 상호작용 기반 수업, 과제물, 일부 졸업 논문까지 포함되어 있어 '교육과정'이 존재한다. 반면 독학사는 '시험 중심의 검정 체계'만 존재하고, 학습 여정과 피드백 기반 교육은 부재하다.

③ **형식적 공정성의 함정:** 독학사는 형식상으로는 '누구에게나 열린 기회'처럼 보일 수 있으나, 실질적으로는 고등교육의 신뢰성과 질 관리라는 측면에서 매우 취약하다. 이는 고등학교 졸업자가 검정고시만으로 대학교육을 모두 건너뛰고 학위를 취득할 수 있는 구조와 유사하며, 학위의 공공성과 사회적 의미를 훼손할 위험이 있다.

④ **제도 존속의 정당성 약화:** 현재는 고등교육 진입 기회가 과거보다 크게 확대되었으며, 방송대, 사이버대, 학점은행제 등 다양한 경로가 존재한다. 이러한 상황에서 독학사를 유지해야 할 실질적 사회적·정책적 필요성이 점차 사라지고 있다. 정부도 전공을 줄여나가는 방법으로 제도를 조금씩 개편하고 있다.

존속보다 전환이 필요한 상황

현 제도는 고등교육에 대한 철학 없이, 검정 시험만으로 학위를 부여하는 구조이다. 한때는 의미가 있었겠으나, 대학교육 기회가 확충된 지금은 다음과 같은 방향으로 근본적인 재구조화 또는 통합 논의가 필요하다.

① **존속 타당성의 재검토:** 현재와 같이 고등교육 접근성이 좋아진 상황에서 독학사의 지속이 타당한가에 대한 논의가 필요하다. 독학사를 유지한다면, 학위로서의 공공성과 질이 어떻게 보장될 수 있는지에 대한 철학적·정책적 논의가 전제되어야 한다.

② **교육적 질 관리 체계 도입:** 단순 시험이 아닌, 학습경로, 콘텐츠 제공, 피드백 수단, 성찰 기회 등을 포함하는 교육 체계로 전환되어야 한다. 방송대 수준의 온라인 학습, 과제물, 진로상담 등 교육성 있는 시스템으로 개편이 필요하다.

③ **학점은행제와의 통합 운영 검토:** 독학사 시험 결과를 학점은행제 내 학습성과로 흡수하고 있으나, 학점 부여 수준이 과도하게 후하게 설계되어 있다. 차라리 학점은행제 틀 내로 완전 편입시키는 것도 검토가 필요하다. 이는 RPL(학습성과 인정) 기반 체제와 결합하여 제도의 실효성과 질 관리 체계를 확보할 수 있는 방향이기도 하다.

독학사는 고등교육의 핵심 가치를 비껴간 채, '기회의 평등'이라는 외피 아래 평가 중심 학위제도로 작동하고 있다. 그러나 학위는 단지 시험을 통과했다고 얻을 수 있는 자격이 아니라, 교육과정 속에서의 성장과 성찰의 총체여야 한다. 지금은 다음과 같은 물음에 사회적으로 답해야 할 시점이다.

"독학사는 여전히 유효한 제도인가, 아니면 과거의 잔재인가?"

"유지한다면 그 질을 어떻게 보장할 수 있는가?"
"폐지하거나 통합한다면, 학습권은 어떤 방식으로 보장할 수 있는가?"

평생교육사 자격,
설계가 제대로 되었는가?

평생교육사는 「평생교육법」에 의해 도입된 국가자격으로, 성인 학습자와 지역사회 평생학습을 촉진하는 전문 인력으로 설정되어 있다. 하지만 제도가 시행된 지 20년이 넘었음에도, 평생교육사라는 자격은 여전히 제도적 위상과 현장 효용성 사이의 간극(間隙) 속에 머물러 있다. 문제는 자격 그 자체에 있기도 하지만, 자격을 설계하고 관리하는 교육부의 근본적 사고방식에 더 큰 원인이 있다.

현재 평생교육사의 자격은 1급부터 3급까지 존재하지만, 이 등급 구분은 실질적이지 않다. 등급별로 어떤 직무를 수행하는지, 어떤 책임이 요구되는지에 대한 명확한 직무 체계가 존재하지 않는다.

평생교육사의 직무는 법령상으로는 프로그램 기획과 운영, 상담, 교수, 정보 제공, 행정 및 정책 기획 등으로 매우 넓고 포괄적이다. 하지만 이 모든 직무를 하나의 자격으로 포괄하다 보니, 직무의 정체성은 흐려지고, 평생교육사는 현장에서 '무엇이든 다 하는 사람', 혹은 '비정규직 학습지원 인력'으로 인식되는 경향이 짙다.

법령상 평생교육기관은 일정 수 이상의 평생교육사를 배치하게 되어 있으나, 고용 의무는 느슨하고 실효성은 낮다. 실제로는 교육청이나 지자체가 소수의 정규직 평생교육사를 채용하고 있으며, 자격 취득자 대부분은 민간 위탁시설이나 비영리기관 등에서 낮은 임금과 불안정한 고용 상태로 종사하고 있다. 자격은 있으나 일자리는 부족하고, 자격 보유자의 직무 수행 능력은 검증되지 못하고 있다.

이 문제는 평생교육사 제도만의 것이 아니다. 교육부는 전반적으로 '직무에 대한 철학'이 약하다. 이러한 문제는 교원 정책에서도 똑같이 나타난다. 교사의 자격은 정교사 2급, 1급, 수석교사로 나뉘지만, 이들 간에 실질적인 직무 차이가 존재하지 않는다. 연수 이수나 경력 연차만으로 자격이 승급되며, 그에 따른 책임, 곤란도, 전문성의 변화는 제도에 반영되어 있지 않다. 2급이나 1급이나 실질적으로 하는 일은 같다. 수석교사는 다소 차별화된 제도처럼 보이지만, 실제로는 '원로교사' 정도의 상징적 역할에 머무는 경우가 많다. 이러한 '자격은 있지만, 직무는 같다'라는 구조가 평생교육사

자격제도에도 그대로 반영된 것이다.

이와 같은 직무 무관 사고가 평생교육사 제도에도 그대로 반영되어 있다. '자격 등급은 나뉘지만, 직무는 같거나 구분되지 않는' 구조, '양성과정은 존재하지만, 수행 능력이나 전문성 기준은 없는' 구조, '법령상 배치 규정은 있지만, 고용과 연계되지 않는' 구조는 교육부가 관장하는 많은 자격제도에 공통으로 드러나는 구조적 결함이다.

결과적으로 평생교육사는 법적으로는 '평생학습 진흥 주체'로 명시되어 있으나, 현실에서는 '아무 일이나 하는 사람', '현장 학습 보조 인력', '민간 위탁의 저임금 인력'으로 인식되고 있다. 전문성과 공공성은 약화하고, 고용은 불안정하며, 자격의 의미는 형식에 머물고 있다.

이러한 문제를 해결하기 위해 다음과 같은 제도 개선이 필요하다.

① **직무 정체성을 명확히 해야 한다.** '평생교육사'라는 단일 자격을 유지할 것이 아니라, 역할과 기능에 따라 '교육 코디네이터', '성인 진로 상담사', '평생학습 매니저' 등으로 자격을 분화해야 한다. 이를 통해 자격의 전문성과 직무의 책임을 명확히 할 수 있다.

② **직무기술서 기반의 자격 설계가 필요하다.** 현재의 학점 중심

양성과정을 탈피하여, 직무 수행 능력에 기반한 자격 체계로 전환해야 한다.

③ **자격과 고용의 실질적 연계를 강화해야 한다.** 평생교육기관 및 지자체에 대한 법적 배치 권고를 강화하고, 운영비에 평생교육사 인건비를 반영하는 기준을 제도화해야 한다. 또한 민간기관에는 고용 유인책을 제공하여 자격 보유자의 고용 유인을 높여야 한다.

④ **양성기관 인증제를 도입해 자격의 질을 높여야 한다.** 현재 평생교육사 양성과정은 대학, 학점은행 기관, 사이버대학 등에서 운영되고 있지만, 교육과정의 질은 천차만별이다. 이에 따라 양성기관에 대한 인증제도를 도입하고, 교육과정, 강사진, 실습 운영, 수료율 등을 기준으로 한 평가 체계를 구축해야 한다.

평생교육은 성인학습자의 권리이고, 평생교육사는 그 권리를 실현하는 핵심 인력이다. 따라서 자격은 형식이 아니라 내용이어야 하고, 자격의 존재는 곧 사회적 직무로 이어져야 한다. 자격은 국가가 부여하지만, 그 권위는 실천과 고용에서 나온다. 지금이야말로 평생교육사 제도를 단순한 '인증'이 아니라, '책임과 권한이 구조화된 전문자격'으로 재정립할 때다. 직무를 명확히 하고, 직무 기반의 자격으로 거듭나야 한다.

기업은 학위 수여의 주체가 될 수 있는가?:

사내대학과 기술대학의 문제

우리나라에는 기업이 교육의 주체로 나설 수 있도록 만든 제도적 장치로 사내대학과 기술대학이 있다. 이 둘은 모두 기업 내부 또는 관련 회사법인이 주도하여 고등교육 수준의 교육과정을 운영한다는 점에서 공통점을 갖는다. 그러나 법적 기반이 다르고, 설립 구조와 규제 체계, 운영 방식에서 뚜렷한 차이를 보인다.

사내대학은 「평생교육법」에 의해 설립된 기관으로 학위를 인정받는다. 하지만 사업장 부설 기관의 성격이기에 설립과 폐쇄가 비교적 수월하다. 학교법인을 만들 필요도 없고, 인가를 받아 설립할 수 있지만, 폐쇄는 신고만 하면 된다. 반면, 기술대학은 「사립학교법」에 의한 학교법인을 만들어야 한다. 법적 근거는 「고등교육법」 이다. 그러다 보니 설립과 폐쇄에 정부의 개입이 존재한다. 사내대학은 한국교육개발원의 『2024년 평생교육통계』에 의하면 대학 과정 3개, 전문대학 과정 5개로 확인된다. 재적생은 429명 정도이다. 반면 기술대학은 설립 때부터 지금까지 딱 1개이다. 학생 수는 국가평생교육진흥원의 백서에 의하면 29명이다.

두 제도는 기업의 교육 참여를 제도화했다는 점에서는 의미가 있지만, 실제로는 공통된 문제를 안고 있다.

- 기업이 학위 수여 기관을 직접 운영하는 구조는 지속 가능성이 작다.
- 학사 행정, 교원 확보, 질 관리 등에서 기업은 고등교육기관의 역할을 할 수 있는 전문성과 역량을 갖추기 어렵다.
- 사내대학은 일부 기업에서 인사 적체 해소나 승진 요건 등의 수단으로 활용되며 제도적 신뢰성을 훼손하는 상황도 발생했다.[40]
- 기술대학은 여전히 단 하나(정석대학)만 남아 있으며, 확장되거나 모범 사례로 자리 잡지 못하고 있다.

사실상 기업의 처지에서는 제도의 명칭이나 법적 지위보다, '교육 효과 대비 행정·재정 부담이 너무 크다'라는 것이 문제의 핵심이다.

---

40) 2024년 5월 12일 전후 기사를 검색해 보면 "퇴직 임원 자리 나눠먹기 비판에 수요 감소 겹쳐 폐교 결정, 인근 대학에 위탁 운영"이란 내용을 확인할 수 있을 것이다.

햄버거 대학에 대한 오해

우리나라에서 사내대학 제도가 설계될 때, 맥도날드의 'Hamburger University'를 진짜 대학으로 착각했다는 소문이 있었다. 햄버거 대학은 정식 대학은 아니며, 기업의 연수원이다.

그러나 햄버거 대학은 Articulation Agreement, 즉 학점 연계 협약을 통해 일부 대학에서 햄버거 대학의 과정을 공식 학점으로 인정받을 수 있도록 설계했다. 핵심은, 기업은 교육을 제공하고, 학점과 자격은 대학 등과 제도 연계를 통해 부여한다는 점이다. 이 방식이야말로 현실적이고 지속 가능한 해법을 제시한다. 연계 협약(Articulation Agreement)은 일반적으로 2년제 대학에서 4년제 대학으로 편입할 때 사용된다. 하지만 햄버거 대학에서의 협약은 기업교육의 질과 전문성을 주변 대학도 인정하였음을 의미하는 것으로서 직장인의 평생학습과 경력 개발을 지원하는 좋은 사례이다.

그렇다면 지금도 햄버거 대학은 주변 대학과 협력하고 있는가? 명확하지는 않지만, 지금도 가능한 것 같다. 인증기관인 ACE(American Council on Education)의 홈페이지를 검색해 보면(2025년 6월 20일) 2015년 이후의 데이터는 없다. 그러나 Yahoo를 검색해 보면(2025년 6월 20일), 2024년 12월 4일 기사[41]에서 현장직은 23학

---

41) 기사 제목은 「What is McDonald's Hamburger University Exactly」이다.

점, 관리직은 27학점을 인정받았다는 것을 확인할 수 있다.

정책적 대안: 기업 연수+학점 연계의 이중 설계

해답은 명확하다.

- 기업은 연수원 중심으로 교육을 설계하고 운영한다.
- 질이 인정된다면 학점인정은 RPL(경험학습 인정) 또는 학점은행제, 대학과의 협약을 통해 외부 제도와 연결한다.
  - 기업 연수 이수 과정을 RPL 심사를 거쳐 학점으로 환산
  - 기업이 인근 전문대나 대학과 협력하여, 연수 교육을 학점화하거나 자격시험으로 연결
- 국가의 역할은 이런 연계를 제도화하고, 품질기준을 제시하며, 학습 계좌를 통해 연속적 경력관리가 가능하도록 지원한다.

정리하면

사내대학과 기술대학은 제도적 배경은 다르지만, 결국 같은 질문에 답하려 했다. "기업이 주체가 되어 고등교육 수준의 교육을 제공할 수 있는가?"

그러나 지금 우리가 해야 할 일은 이 제도를 유지하느냐 폐지하느냐의 선택이 아니라, 각 제도가 가진 기능을 살리되, 부담은 줄이고 연계는 확장하는 설계를 고민하는 것이다.

대학교육은 대학이 담당하도록 하는 것이 원칙이고 정답이다. 기업은 기업 특수적 인재 양성을 위해 필요한 역할을 하면 되는 것이고, 그 학습이 학점으로 전환될 가치가 있다면, 그 학습은 공적 제도 내에서 학점으로 전환하면 된다. 지금처럼 기업이 직접 대학을 만들어서 운영하도록 하는 것이 정답일 수 없다.

방송대학, 사이버대학, 원격대학, 그리고 대학 온라인과정의 무질서한 공존, 이제는 통합을 생각할 때

원격교육(Distance Education)의 역사는 생각보다 깊다.

20세기 초반 유럽과 미국에서는 우편을 통한 통신교육(Correspondence Education)이 등장했고, 우리나라에서도 1970년대부터 대학 부설 통신교육원이 운영되었다. 1982년에는 방송교육이라는 형태로 발전한 한국방송통신대학교가 설립되었다. 이 학교는 전국을 아우르는 국립 원격 고등교육기관으로, 별도의 방송국(OUN, 방송대학TV)을 운영하고, 라디오, 텔레비전, 위성방송, CD/DVD, 인터넷 등을 통해 다양한 학습 콘텐츠를 공급해 왔다.

이처럼 방송과 통신의 결합은 원격교육의 전형적 방식이었고, 당시에는 분명히 시대적 혁신이었다. 그러나 21세기 중반, 특히 무선 통신과 인터넷이 일상화된 지금, 방송과 통신이라는 분류 자체가 이젠 유의미하지 않다.

지금은 모든 것이 '통합된 인터넷 기반'이다

한때 인터넷을 활용한 수업은 교육 혁신의 상징처럼 여겨졌다. 그러나 이제는 모든 교육이 기본적으로 인터넷과 디지털 플랫폼 위에서 작동하고 있다. 인터넷 기반 원격교육은 이제는 '특수한 유형'이 아니라, 모든 대학이 활용하는 '보편적 방식'이다.

- 강의는 LMS에서 이루어지고,
- 콘텐츠는 유튜브, 웨비나(Webinar), 웹툰, 마이크로러닝, 팟캐스트 등으로 확장되며,
- 튜터링, 피드백, 과제, 토론, 시험까지도 모두 온라인에서 이루어진다.

지금 한국에는 네 가지 '원격대학'이 공존한다

한국 고등교육에서 '원격교육'은 네 가지 형태로 존재하고 있다.

- 「한국방송통신대학교 설립 및 운영에 관한 법률」에 의한 한국방송통신대학교
- 「고등교육법」에 의한 사이버대학교
- 「평생교육법」에 의한 원격대학
- 일반대학의 온라인 수업(「고등교육법」과 「대학 등의 원격수업 운영에 관한 훈령」)

이처럼 명칭과 법률은 다양하지만, 교육 내용, 운영 플랫폼, 학습자 경험은 사실상 차이가 없다. 이제 '방송'이든 '사이버'든, '평생교육형'이든 '대학 온라인과정'이든, 모든 원격교육은 LMS 기반으로 작동하며, 영상 강의와 온라인 과제를 기본 구조로 한다.

방송대학도 '방송'을 기반으로 하지 않는다

방송대는 방송국(OUN)과 자체 스튜디오를 이용한 제작 조직이 있지만, 이제는 대부분의 강의가 인터넷 기반의 온라인 강의로 대체되었다. 방송 콘텐츠 자체도 공중파가 아니라 웹 기반 스트리밍으로 전환되었고, 학습자들은 LMS, 모바일앱 등을 통해 학습한다.

그런데도 방송대는 '방송통신대학'이라는 이름을 유지하며, 별도 특별법으로 존재하고 있다. 그러나 이 명칭도, 법적 특례도 설득력이 떨어진다.

MOOC는 해답이 아니다

한때 K-MOOC는 국가가 추진하는 평생교육의 해답처럼 여겨졌지만, 지금은 평가가 엇갈린다. 일부 콘텐츠는 유용하지만, 대부분은 낮은 이수율, 제한된 상호작용, 낮은 활용도를 보였다. 학습자 중심보다는 교수자 중심 콘텐츠 업로드 중심의 일방향 구조에 머물렀다.

MOOC의 실체가 드러난 이상, 이제는 이를 국가정책 차원에서 확대해야 할 이유는 없다. 대학이 자율적으로 자체 플랫폼과 콘텐츠를 관리하고, 교육의 질을 높이는 방향으로 전환해야 한다. YouTube, LMS, 마이크로 러닝, 비공식 학습 자료들은 이미 MOOC보다 더 폭넓고 실용적으로 활용되고 있다.

제도를 이렇게 만든 것은 교육부다

지금의 혼란은 자연스럽게 발생한 게 아니다. 교육부는 각 이해관계자의 요구에 반응하며, 누더기처럼 제도를 붙이고 쪼개고 방치해 왔다.

- 방송대학은 따로 특별법을 만들어 보호하고,
- 사이버대학은 사립대학의 요청으로 별도 법인 허용과 인가

확대,
- 「평생교육법」에는 '원격대학형' 평생교육시설을 추가하고,
- 일반대학의 불만에는 원격수업 허용 비율을 점차 완화했다.

사이버대학의 상당수는 서울 지역 유명 사립대학의 자회사나 계열법인 형태로 존재하며, 해당 대학은 본체(예: 경희대, 외대, 한양대)와는 별개 구조로 운영되면서도 브랜드는 공유한다. 이중 구조는 사립대학의 수익 구조 다각화 수단으로 작용했고, 학습자 보호나 대학 공공성과는 관계가 없다. 이러한 움직임에 결과적으로 국회도 장단을 맞추었다.

2021년 9월, 「디지털 기반의 원격교육 활성화 기본법」을 제정한 것은 사이버대학과 원격대학 진영의 입김 때문이었다. 또한 교육부는 2023년 12월 5일, 「대학 등의 원격수업 운영에 관한 훈령」을 개정하면서, 기존의 20% 제한도 폐지하고, 장관 승인 없이 대학이 전 과정 온라인 운영이 가능하도록 바꿨다. 모든 규제가 사라진 상황에서, 이제는 어떤 대학도, 어떤 수업도, 전면 원격으로 운영할 수 있게 되었다. 그렇다면 질문은 간단하다.

"'사이버대학'과 '방송대학'은 왜 따로 존재해야 하는가?"
"원격대학이라는 '법적 유형'은 여전히 의미 있는 구분인가?"

원격교육은 '교육방식'으로만 의미가 있다

이제 원격교육은 교육방식의 하나이지, 교육 유형이나 학교의 구분 기준이 되어서는 곤란하다.

① **'원격대학'이라는 명칭 자체를 정비해야 한다.** 방송대, 사이버대, 원격대학형 평생교육시설은 하나의 디지털 고등교육 체계 안에서 통합적으로 다루어져야 한다.
② **대학의 온라인 수업은 명확한 질 관리 체계를 따라야 한다.** 강의 시간, 피드백 주기, 튜터링, 시험 방식 등은 국가 차원의 최소기준과 인증제로 관리되어야 한다.
③ **'디지털 기반 고등교육 품질관리 프레임워크'가 필요하다.** 플랫폼, 콘텐츠, 교수자, 학습자 지원체계 전반을 포괄하는 품질관리 지표가 마련되어야 한다.
④ **방송대학이 진정한 의미의 'Open University'로 거듭나야 한다.** 영국의 Open University처럼 누구에게나 열려 있고, 다양한 경로로 학습자에게 유연하게 접근하며, 무엇보다 교육의 질을 최우선으로 여기는 체제 개편이 필요하다.

정리하면

디지털 전환은 교육 기회를 늘릴 수도 있지만, 혼란과 기득권 강화로 이어질 수도 있다. 지금 원격교육의 법제와 정책은 후자에 가깝다. 교육부는 시대에 맞춘 전환보다는 특정 주체의 요청에 응답하며 제도를 누더기처럼 늘려왔다.

이제는 통합이 필요하다. 방송대, 사이버대, 원격대학, 온라인 대학, MOOC, K-MOOC, 원격수업…. 이 모든 것은 '학습자 중심의 디지털 고등교육 체계'라는 하나의 방향으로 수렴되어야 한다. 이름이 중요한 것이 아니라, 누가, 어떻게, 무엇을, 어떤 질로, 누구에게 가르치느냐가 중요한 것이다. 이제는 분절된 제도를 폐기하고, 통합된 원격 고등교육 프레임워크를 구축해야 한다.

학습휴가,
시혜인가? 권리인가?

"공부할 시간이 없다"

이 말은 많은 성인들에게 단순한 변명이 아니라, 실제의 고충이다. 새로운 기술을 익히고, 자격을 준비하거나, 진학을 고려할 때 가장 먼저 부딪히는 현실의 벽이 바로 시간의 부족이다. 성인이 되어 학습을 이어가는 길은 절대 쉽지 않다. 특히, 일하면서 공부하기(Work to School)는 말처럼 간단하지 않다. 학습이 '기회'가 되기 위해서는 그에 앞서 학습할 '시간'이 확보되어야 한다. 그렇다면, 이 시간을 누가 어떻게 보장할 수 있을까?

학습이 절실하지만, 시간은 없다.

성인에게 학습은 선택이 아니라 생존이다. 기술은 끊임없이 바뀌고, 직무는 재편되며, 전통적인 경력의 길은 점점 사라지고 있다. 문제는, 학습이 절실함에도 성인에게는 학습을 위한 물리적 시간 확보가 극도로 어렵다는 점이다.

일단, 한국은 OECD 국가 중 최장 근로 시간을 기록하는 나라다. 2023년 연간 1,874시간, 미국보다도 길다.[42] 장시간 노동에 더해 야근, 교대근무, 눈치 보기 문화까지, 근로자가 자기주도적으로 시간을 계획하기는 거의 불가능에 가깝다. 대기업은 그래도 사내 교육이 존재하지만, 중소기업 근로자, 플랫폼 노동자, 자영업자는 교육은커녕 일상 유지를 위해 몸을 혹사한다. 게다가 가족과 돌봄의 부담까지 더해진다. 특히 여성의 경우 가사 노동과 육아, 노부모 부양까지 겹치면 하루 24시간은 너무나 짧다. '학습은 사치'라는 말이 현실이 되는 구조이다.

지금의 학습휴가제는 실효성이 없다

물론 「평생교육법」에 '학습휴가제' 조항이 있다. 고용노동부는 일정 요건을 충족한 사업주가 근로자에게 유급휴가를 주고, 훈련비와 임금 일부를 지원받을 수 있는 제도를 두고 있다. 하지만, 이

---

[42] 고용노동부(2024), "2024년 1월 사업체 노동력 조사 및 2023년 10월 지역별 사업체 노동력조사".

제도는 다음의 이유로 실효성이 매우 낮다.

- 대상 사업장이 극히 제한적이다. 대부분 150인 미만의 중소기업인데, 실제로는 휴가 자체를 줄 여력이 없어 활용도가 낮다.
- 훈련 방식이 경직되어 있다. 위탁 집체훈련만 지원 대상이며, 자체 훈련이나 원격훈련은 제외된다. 현실과 동떨어진 방식이다.
- 지원율과 절차도 부담스럽다. 휴가 기간 중 대체 인력 고용, 훈련 시간 기준, 임금 보전 방식 등이 복잡하고 사업주의 행정 부담이 크다.

이런 조건 속에서 실제로 유급학습휴가를 활용한 근로자는 전체 노동자의 2022년도 기준 0.1% 수준에 불과하다.[43] 이쯤 되면 학습휴가는 형식적 존재에 가깝다.

공무원은 예외일까? 그렇지도 않다

공무원은 법적으로 자기개발휴직, 장기재직휴가, 특별휴가 등 다양한 제도를 가진 듯 보인다. 상대적으로 민간과 비교해서 상황은 훨씬 좋은 것 같다. 우리나라의 모든 근로자가 적어도 공무원 수준

---

43) 재직자훈련 인원은 3,342천명인데 비해, 유급휴가훈련은 29천명이다(출처: 고용노동부 (2023. 07). 『직업능력개발 사업현황』).

의 휴가를 누릴 수 있으면 좋겠다. 그러나 여전히 미흡하다.

'학위 취득'을 위한 학습은 제외되거나, 임용심사위원회의 심사 등을 거쳐야 하며, 휴직 기간에는 봉급을 아예 받지 못하거나 대폭 줄어든다. 자기계발은 할 수 있지만, 생활을 포기해야 가능한 셈이다. 게다가 일반 공무원의 연가 사용률도 높지 않다. 쓰지 않는 게 아니라 못 쓰는 것이다. 과도한 업무와 상사 눈치 때문이다. 대한민국 사회 전체가 '휴가를 쓴다는 것' 자체를 잘못된 일처럼 여기는 문화에 묶여 있다.

유럽은 어떤가?

유럽 대부분 국가에서는 학습휴가를 근로자의 권리로 인정한다. 프랑스, 독일, 오스트리아 등에서는 연간 일정 시간의 유급 교육 휴가가 보장되며, 일부 국가는 이를 초과한 시간에 대해서도 무급이지만 고용을 보장한다.[44]

EU 지침은 모든 근로자에게 최소 4주 이상의 유급휴가를 보장하며, 학습 목적의 휴가도 직장 복귀권을 전제로 제도화되어 있

---

44) https://www.cedefop.europa.eu/en/tools/financing-adult-learning-db/instrument-types/training-leave#key-features-and-statistics. (2025. 06. 02. 검색)

다.[45] ILO 역시 이미 1974년부터 유급학습휴가를 권고해 왔다(Paid Educational Leave Recommendation, 1974).

우리는 어떤가? 한국은 ILO의 권고도 비준하지 않았고, EU 수준의 연가도 보장하지 않는다. 휴가를 고용주의 시혜처럼 생각하는 나라이다.
학습은 권리이다.

문제의 본질은 여기 있다. 지금의 학습휴가제는 '제공될 수도 있고, 아닐 수도 있는 복지', 즉 사업주의 선의에 달린 선택적 제도로 운영되고 있다. 이럴 때 학습은 결국 특권적 자원이 된다. 시간적 여유가 있는 이들, 조직의 배려를 받는 이들만이 배울 수 있는 구조다.

반면, 학습휴가를 근로자의 '청구권'으로 본다면 상황은 달라진다. 학습은 이제는 선택적 자유가 아닌, 국가와 고용주가 보장해야 할 사회적 권리가 된다. 즉, 유급학습휴가는 '줘도 되고, 안 줘도 되는 혜택'이 아니라, '반드시 보장해야 하는 권리'가 된다. 여기서 학습권은 단지 교육을 받을 자유를 넘어서, 삶을 향상할 수 있는 권리, 재도약의 기회를 얻게 될 권리로 의미가 확장된다. 성인이 되어서도 배울 수 있어야 한다는 믿음, 그 믿음을 제도적으로 실현하는 것이야말로 성숙한 사회의 모습이다.

---

45) https://europa.eu/youreurope/business/human-resources/general-employment-terms-conditions/leave-flexible-working/index_en.htm (2025. 06. 02. 검색)

정리하면

"일하면서 학위 공부를 하는 것(선취업 후진학)은 왜 이렇게 어려운가?"

"일하면서 학습휴가를 갖는 것이 왜 이렇게 어려운가?"

다른듯하지만, 2개의 제도 모두 결국은 시간과 권리의 문제이다. 배움을 시작하려 해도, 제도는 경직되어 있고, 시간은 부족하며, 일상은 바쁘다. 학습휴가가 시혜가 아닌 권리가 될 때, 비로소 우리는 일과 학습이 병존할 수 있는 사회로 나아갈 수 있다.

학습 바우처를 넘어서는 새로운 재정지원 시스템이 필요하다

"시간도 문제지만, 돈도 문제다."

우리는 평생학습사회를 말하고, '모든 국민이 생애 전 주기에서 배울 수 있는 나라'를 꿈꾼다. 하지만 학습권이 실제로 작동하려면, 학습의 '시간'뿐 아니라 학습의 '비용'을 감당할 수 있는 제도적 뒷받침이 필요하다. 그중에서도 국가의 재정지원 방식은 학습복지 실현의 핵심축이 되어야 한다. 학령기 교육인 First Phase는 '시스템'이 있다. 문제는 성인(Second)과 노인(Third) 단계이다.[46]

---

46) 필자는 평생학습 시대에 걸맞은 교육 시스템으로 3단계 시스템을 주장한다.

대한민국은 학령기 교육에 대해서는 비교적 뚜렷한 재정 시스템을 갖추고 있다. 의무교육과 무상교육, 그리고 대학 단계에서는 국가 장학금과 소득연계 상환 대출(ICL: Income Contingent Loan) 제도 등이 그것이다. 물론 운영상의 문제는 많다. 그러나 제도 '자체'는 분명 존재한다.

문제는 Second Phase of Learning(노동시장 내 학습 병행)과 Third Phase of Learning(노년기 학습)으로 들어서면, 이 시스템이 급격히 허물어진다는 데 있다. 노동시장에 진입한 이후의 성인학습자는 일부 예외를 제외하면 고용보험 기반의 재정지원에 의존할 수밖에 없다. 청년 특화 지원제도나 국민내일배움카드처럼 고용보험 가입 여부와 무관하게 참여 가능한 제도도 있지만, 그 예산의 근원은 고용보험기금이다. 내일배움카드는 최대 300만~500만 원까지의 학습비를 지원하지만, 일정 부분 자기 부담이 있으며, 사용 목적과 범위가 '취업'과 밀접하게 연결되어 있다.

이는 본질적으로 '학습과 역량 개발'을 위한 제도가 아니라, 취업 및 노동시장 진입을 위한 수단으로 기능하게 만든다. 결과적으로 정책의 효과성도 실질적 성취보다는 형식적 수료율이나 취업률 중심으로 평가되며, 성인의 학습권 자체에 대한 철학은 부재한 상태다. 지금 필요한 것은 단순한 제도 보완이 아니라, 완전히 다른 관점에서 재정 시스템을 설계하는 일이다.

그조차도 고용보험은 엄밀히 말해 정부가 자율적으로 집행할 수 있는 재정이 아니다. 정부는 보험료 납부자도 아니면서, 마치 자신이 고용정책의 주체인 것처럼 고용보험기금을 운용하는 '이상한 구조'가 지속되고 있다(후술).

노년기의 학습자들은 더 말할 것도 없다. 대부분의 공적 지원체계에서 사실상 제외된 존재다. 실질적으로는 평생학습의 3단계에서 중·후반부 전체가 시스템의 공백 상태인 셈이다.

바우처는 시작되지만, 결코 해결책은 아니다

이러한 상황에서 교육부가 2018년부터 시행한 평생교육바우처는 나름대로 의미가 있는 출발점이었다. 1인당 연간 35만 원(최대 70만 원)의 지원을 통해 저소득층, 장애인 등 학습 취약계층에게 평생교육 기회를 제공한다는 취지였다.[47] 문제는 다음과 같다.

- 지원 금액이 너무 적다. 학습비, 교재비를 고려하면 사실상 1~2과목 수강에 그친다.
- 사용처가 제한적이고 공급자 중심이다. 디지털 학습환경과 민간기관 이용에 대한 유연성이 부족하다.

---

47) 국가평생교육진흥원(2024), 『2023 평생교육백서』.

- 대상자 자격 요건이 지나치게 좁다. 실질적으로는 취약계층만을 대상으로 한 '보호정책'이지, 보편적 학습복지를 실현하는 도구로 보기 어렵다.

게다가 바우처 제도의 본래 철학은 소비자 중심의 선택권 강화에 있다. 그러나 지금의 바우처는 특정 기관, 특정 과정, 제한된 조건에서만 사용 가능한 '한정적 수표' 수준에 머물고 있다. 자유로운 시장 안에서 학습자가 스스로 교육 서비스를 선택하고 설계할 수 있도록, 바우처가 '권리로서의 수단'이 되려면 구조적 전환이 필요하다.

학습복지 재정 시스템은
세 가지 전제 위에 새로 설계되어야 한다

① 구간별 맞춤 설계다. 학습자의 생애 단계를 구분하고, 그에 따른 적정한 재정지원 구조를 설계해야 한다.

- First Phase(아동·청소년기): 무상교육, 장학금, ICL 중심의 보편적 시스템
- Second Phase(청년·성인기): 소득·고용 상태에 따른 차등 구조
  - 취약계층: 무상 보조금+동행 상담+교통비 지원
  - 중간계층: 학습 대출+자기 부담 일부

- 고소득층: 세제 혜택 중심의 자기주도형 학습 투자
- Third Phase(노년기): 자기실현 중심의 학습, 공공 보조 및 지역 커뮤니티 기반 학습지원

② 재정의 통합과 신규 재원의 발굴이다. 지금의 성인학습 지원은 고용노동부, 교육부, 복지부, 산업부 등 부처별로 조각나 있으며, 이들 부처는 각자의 정책 목적에 따라 단편적으로 자원을 배분하고 있다. 그러나 학습자는 하나의 삶을 살아가는 개인이다. 부처의 사업이 아니라, 학습자 중심에서 통합적으로 설계된 재정체계가 필요하다.

이를 위해선 다음과 같은 재정 혁신이 필요하다.

- 고용보험 일부를 '학습 기금'으로 전환하고, 정부 일반회계에서도 이에 일정 비율로 매칭해야 한다.
- 복권 수익금의 일정 부분을 학습 기금으로 전환하거나, 교육세 일부를 '평생학습세'로 명시하여 별도 운용할 수 있다.
- 장기적으로는 국가 평생학습계좌제와 연계된 개인별 적립형 학습 펀드 시스템을 마련하여, 생애 주기별 필요 시점에 학습 기회를 실질적으로 사용할 수 있도록 해야 한다. 모든 국민에게 생애 단위의 학습 계좌를 부여하고, 필요에 따라 적립, 이월, 보충, 대출, 감면, 보조금 지급이 가능한 다층적 바우처 체계가 만들어져야 한다.

③ '학습과 역량 개발'에 중심을 둔 설계 전환이다. 지금까지의 많은 제도는 '자격증 취득'이나 '취업' 등 단기(短期) 성과 위주였지만, 진정한 학습복지는 역량 강화, 시민성 함양, 직업 생애의 지속 가능성 확보라는 보다 넓은 목표를 지향해야 한다. 그럴 때 비로소 성인의 학습이 단절되지 않고, 사회 전체의 역동성으로 이어질 수 있다.

성인은 '학습권'을 행사할 수 있어야 한다

무엇보다 중요한 것은, 모든 재정지원 제도가 성인의 학습권을 실질적으로 보장하는 방향으로 설계되어야 한다는 점이다. 지금의 제도들은 여전히 학습을 시혜적 보조, 선별적 지원으로 다루고 있으며, 그 대상 역시 '특정 조건을 갖춘 취약계층'에 국한되는 경우가 많다.

그러나 이제 성인학습자는 '배려의 대상'이 아니라, '학습과 성장의 주체'가 되어야 한다. 성인의 삶 자체가 배움의 연속이기 때문이다. 직업이 바뀌고, 기술이 달라지고, 가족관계와 지역사회에서의 역할이 끊임없이 변화하는 상황에서, 성인은 자신을 새롭게 구성해 갈 수 있는 지속 가능한 학습 기회를 필요로 한다.

이제는 대출도 학자금 대출처럼 소득연계 상환제도(ICL)로 전환하고, 보조금은 성과 연계 유인책과 결합할 수 있도록 설계해야 한다. 예컨대 학습 후 취업이나 자격의 취득, 지역사회 활동, 자원봉사 등 실질적 사회 기여가 발생했을 경우 추가 지원이 제공되는 유연한 구조를 만들 수 있다.

무엇보다 중요한 것은, 국가가 이런 제도를 통해 "우리는 성인의 학습을 지지한다"라는 강력한 사회적 메시지를 보내야 한다는 점이다. 학습은 '개인이 감수해야 할 부담'이 아니라, 국가가 함께 지고 가야 할 미래를 위한 공동투자다.

정리하면

학습은 복지이고, 복지는 국가의 책임이다. 성인은 단지 '과거에 배운 것을 잊지 않기 위해' 배우는 존재가 아니다. 기술이 변하고 직무가 재편되며, 사회적 역할과 인간관계까지도 끊임없이 바뀌는 세상에서, 성인은 언제든 다시 배우고, 다시 시작할 수 있어야 하는 존재다. 그러므로 성인의 학습은 사치도, 선택도 아니다. 그것은 권리이다.

「평생교육법」의 위기:
제도의 과잉, 질서의 부재

「사회교육법」에서 「평생교육법」으로:
이름만 바뀌었고, 체계는 남았다

김영삼 정부의 5.31 교육개혁은 「사회교육법」을 '평생학습법'으로 전면 개편함으로써, 헌법 제31조 제5항이 선언한 '국민의 평생교육 진흥' 이념을 실현하려 했다. 평생학습을 국가 교육정책의 중심축으로 삼고, 국민 누구나 학습권을 보장받을 수 있는 보편적 교육 체계를 마련하는 것이 핵심 취지였다.

그러나 실제로는 개념 정립도, 기능 조정도 없이, 단지 법명을 '평생교육법'으로 바꾸는 데 그쳤다. 이후 여러 차례 개정을 거쳐 다양한 행정 장치와 부속 사업이 추가되었지만, 정작 평생학습 체계의 정의, 위상, 조정 권한, 권리 보장 구조는 구축되지 않았다.

「평생교육법」 비판: 기능과 이름의 괴리, 내용 없는 체계

1) 기본법의 역할 어려움

「평생교육법」은 다른 관련 법률에 우선하지 않으며, 생애 주기별 교육정책 간의 조정 역할을 하지 못한다. 청소년 정책은 「학교 밖 청소년 지원법」(여가부), 성인 직업훈련은 「국민 평생 직업능력 개발법」(고용부), 노인교육은 「노인복지법」(복지부) 등으로 각각 분산되어 있고, 「평생교육법」 제3조는 "다른 법률에 특별한 규정이 있으면 그 법률을 적용"하도록 하여 기본법적 위상을 스스로 포기하고 있다. 이러한 구조 속에서 「평생교육법」은 총괄도 못 하고, 조정도 못 하며, 계획 수립과 일부 행정사업만 반복하는 기능 축소형 법률이 되었다. 이름만 '평생교육'일 뿐, 그 기능은 교육부의 사업법에 머물렀다.

2) 체계 없는 법 구조

법의 장(章)과 조항 구성은 그 법이 지향하는 사회적 질서를 드러내는 일종의 설계도다. 그러나 「평생교육법」은 이 설계도가 파편화된 기능 목록 수준에 머물고 있다. 「평생교육법」을 통해 국가가 만들고자 하는 그 사회의 모습을 체계적으로 이해할 수 없다.

- 1장 총칙에서는 이념, 정의, 국가 임무를 다루지만, 2장 이후부터는 행정계획, 위원회, 기관 설치, 개별 사업 등 지원 행정 중심으로 구성되어 있다.
- 이후 문해교육, 성인 진로교육, 학습 계좌, 자발적 학습모임 등은 장(章) 단위로 조문화되었으나, 각 장 간 논리적 연결이나 제도 간 계층 구조는 실종된 상태다.
- 그 결과, 이념-계획-실행-권리 보장의 선형 구조가 무너지고, 사업과 기관 중심의 나열형 법률이 되었다.

3) 고등교육과 평생교육의 경계 혼선

「평생교육법」 제2조는 평생교육을 학교의 정규 교육과정을 제외한 비형식적 학습(Non-formal Education)으로 정의하고 있음에도 불구하고, 제32조(사내대학 형태의 평생교육시설) 및 제33조(원격대학 형태의 평생교육시설)에서는 학력과 학위를 인정하는 고등교육 기능을 포함하고 있다. 이로 인한 구조적 문제는 다음과 같다:

- 법적 이중 구조: 고등교육법에도 기술대학·원격대학이 규정되어 있는데, 「평생교육법」에서도 같은 제도를 규정함으로써 명칭과 기능의 중복이 발생하고 있다.
- 고등교육의 본질 훼손: 학문성과 공공성이 고등교육의 핵심임에도, 제도상 고등교육 여부는 '설립 주체가 학교법인이냐, 아니냐?'로 판단된다. 이로 인해 기업이 대학을 직접 설립하고 학위를 수여하는 구조가 가능해졌다.
- 대학 정체성의 왜곡: 기업이 소유하고, 학위까지 수여하는 '사내대학'은 대학교육의 의미를 다시 생각하게 만든다.

4) 개인-시장-국가 역할의 혼선: 허구적 '평생교육시장' 창출

현행 「평생교육법」은 공급자 중심의 구조로 되어 있으며, 학습자 주권이나 학습권 보장에 대한 명확한 법적 기초는 거의 존재하지 않는다. 실체가 없거나 법률로 규정할 필요가 없는 평생교육시설이 다수 존재한다.

- 문해교육, 학습비 지원, 학습휴가 등은 일부 조문에 언급되지만, 이는 보편적 권리라기보다는 국가의 시혜적 정책 설계에 가깝다.
- 실제로는 계층 간, 지역 간, 디지털 격차 등으로 학습 기회 접근이 제한되며, 학습권의 실질적 보장은 이루어지지 않는다.
- 법률에는 수많은 평생교육기관 유형이 열거되어 있으나, 그

평생교육기관이 실제 국민의 평생학습에 어떤 도움을 주는지 의문이다.
- 사실상 사설 학원과 같은 형태이지만, 학령기 학생이 주된 대상이 아니라는 이유로 평생교육기관으로 불리기도 한다.
- 결과적으로 평생교육시장은 실제보다 과장되고, 자원의 분산과 비효율, 그리고 국가평생교육진흥원의 규제 권한 확대로 이어진다.

5) 고용노동부 제도와의 중복과 통합의 필요

현재 「평생교육법」은 고용노동부의 직업능력 개발 체계와 여러 측면에서 중첩되고 있다.

- 학습계좌제는 직무능력은행제와 유사하고,
- 늘배움 종합정보시스템은 고용24 시스템과 기능이 유사하며,
- 평생교육이용권(바우처)은 내일배움카드제와 사실상 유사한 구조를 띤다.

이로 인해 부처 간 기능 중복과 예산 낭비, 그리고 국민의 관점에서는 제도 접근의 혼란과 비효율이 발생한다. 교육부와 고용노동부의 평생학습 정책은 학습자의 생애 능력 개발이라는 관점에서 체계적 정비가 필요하다.

이 법은 '평생'이라는 이름을 감당할 준비가 되어 있는가?

위에서 본 것처럼 현행 「평생교육법」은 다음과 같은 모순을 갖고 있다.

- 기본법이라는 명칭과 실질적인 종속 법령이라는 기능의 괴리
- 고등교육을 포함하는 듯하면서도 이원화된 설계로 인한 제도 혼선
- 개인의 학습권은 약한 채, 국가-시장-공급자의 권한만 확장된 구조

이러한 결과는 다음 세 가지 구조적 원인에서 비롯된다.

① **철학 없는 제도 설계:** 우리 교육 제도는 개념이나 철학을 충분히 정립하지 않은 상태에서 제도부터 도입하는 경우가 많다. '평생교육'도 마찬가지로, '학교 밖의 뭔가'라는 막연한 인식 아래 법이 설계되었고, 「고등교육법」과도 기능이 중복되었다. 결국 기능은 같고, 법은 다르며, 체계는 뒤섞인 채 이중 구조가 고착되었다.

② **칸막이 행정과 자기 식민화:** 교육부 내에서도 고등교육 부서와 평생교육 부서가 분리되어 있고, 각 부처는 자신의 관할 확장을 위해 경쟁한다. 고용노동부, 여성가족부, 복지부 등도 '평생학습'이라는 간판을 걸고 정책 포장 경쟁을 벌인다. 이것

이 법체계의 통합은커녕, 자기 식민화(Self-colonization)로 이어지고 있다.

③ **교육시장의 상업화와 제도 포획:** 사이버대, 학점은행제, 평생교육원 등은 제도와 시장이 교차하는 지점에서 사교육화된 공공재가 되고 있다. 지방대 공동화 이후 서울 소재 대학 중심의 학점은행제 남용은 평생학습이라는 이름 아래 사교육을 제도화할 수 있게 한 대표적 사례. 정체성을 고민하지 않은 교육정책은, 결국 행정 논리와 시장 논리에 포획된다. 법과 제도는 서로 충돌하게 되고, 시민의 학습권이 아닌, 제도 운영 주체의 이익만 남게 된다.

정리하면

이대로라면 평생교육은 고등교육의 아류로 전락하고, 행정의 도구로 기능하며, 국가평생교육진흥원의 규제 권한을 강화하는 수단으로만 작동할 위험이 크다. 이러한 구조를 근본적으로 개편하기 위해서는 다음과 같은 방향 전환이 필요하다.

① 「고등교육법」은 정규 학위 중심으로 단순화하고, 「평생교육법」에 의한 학위 수여 기관은 「고등교육법」 체계로 편입해야 한다. 학위는 고등교육 체계 안에서 공공성과 학문성을 기반으로 부여되어야 한다.

② 「평생교육법」은 「성인계속교육법」(가칭)으로 개편하여, 고용노동부를 포함한 모든 정부 부처의 비(非)학위 중심 평생학습 정책을 규율해야 한다. 이 법은 부처를 망라해 비형식 학습과 무형식 학습까지 포괄하는 실질적인 기본법 기능을 수행해야 한다.

③ 「성인계속교육법」(가칭)과 「고등교육법」은 NQF(국가역량체계)와 RPL(학습성과 인정)에 기반한 학점은행제를 중심으로 연계 가능한 구조로 재설계해야 한다. 이를 통해 생애 학습 이력과 자격, 교육을 유기적으로 통합할 수 있는 법적·제도적 틀을 구축해야 한다.

교육은 행정과 시장이 아니라, 삶과 권리에 관한 것이다. 이제는 평생학습이 그 이름에 걸맞게 설계될 수 있도록, 법과 제도의 정체성부터 다시 고민해야 할 시점이다.

보론 4.
대학의 평생교육기관화 방안

현대 사회에서 대학은 더는 학령기 학생만을 위한 폐쇄적 교육기관이 아니라, 모든 세대를 아우르는 열린 평생학습의 플랫폼으로 거듭나야 한다. 특히 급변하는 노동시장과 기술 환경 속에서, 대학은 단순한 지식 전달을 넘어서 지속 가능한 삶과 직업 역량을 위한 학습 기반으로 전환되어야 한다. 이를 위한 구체적인 방향은 다음 네 가지 측면에서 살펴볼 수 있다.

대학의 평생교육 기능 요소 강화

① **학습자 범주의 확장:** 대학은 학령기 학생뿐 아니라, 성인학습자, 직장인, 실업자, 전직 희망자, 은퇴자, 교양 수요자까지 포괄하는 다층적 학습자층을 수용해야 한다. 특히 고등학생 대상의 AP(Advanced Placement) 과정이나 학점 선이수제도와 같은 선(先) 취학 제도도 평생교육의 연장선으로 고려할 수 있다.

② **교육과정의 다양화:** 학위과정뿐 아니라 비학위과정, 학점 과정, 단기·장기과정, 오프라인·온라인 혼합과정까지 유연한 포트폴리오를 구성할 필요가 있다. 특히 Micro credential, Nano degree, Certificate 과정 등을 통해 소규모 단위 학습을 제도화해야 하며, 완성 자격(Full Qualification)과 부분 인정 자격(Partial Qualification)을 구분해 학습성과를 유연하게 구성할 수 있어야 한다.

③ **교육 내용의 확장:** 대학은 학문 중심의 이론 교육뿐 아니라, 기술교육, 직업교육, 실천적·현장기반 학습, 연구개발(R&D)까지 포괄해야 하며, 특히 지역 기반 사회문제 해결형 교육과 실무형 훈련이 가능해야 한다.

④ **입학 제도의 유연화:** 연령, 경력, 자격 등을 반영한 다양한 입학 경로를 마련하고, 성인학습자 중심의 유연한 학사 운영이 가능해야 한다. 이를 위해 고등학생·청년 대상 Quota 중심인 정원제의 개편도 병행되어야 한다. 성인학습자와 Part-time Students의 교육도 수용할 수 있는 입학 제도가 만들어져야

한다.

⑤ **등록 제도의 다양화:** 현재의 시간제 등록 제도는 제한적이고 비효율적이다. 이를 대대적으로 재설계하여, 부분 등록과 모듈형 학습을 정규과정으로 연계할 수 있도록 하고, 비(非)전형(Non-ordinary) 학습자에게도 제도적으로 유연한 학습권을 보장해야 한다.

⑥ **이수 인정의 유연화:** 학습자의 경력, 현장경험, 비형식·무형식 학습을 제도화된 방식으로 인정할 수 있도록 RPL(경험학습 인정) 체계와 국가역량체계(NQF)를 구축해야 한다. 이와 함께 학점은행제도는 학위 취득만을 목적으로 하는 기존 틀을 벗어나, 보다 개방형 학습성과 관리 체계로 재편되어야 한다.

제도적 기반 정비

대학의 평생교육 기능이 실현되기 위해서는 다음과 같은 제도적 기반이 함께 정비되어야 한다.

- 국가역량체계(NQF)의 구축을 통해 자격-교육-훈련을 통합적 구조로 정비
- RPL 제도화를 통해 경력 기반 학습 인정 체계 마련
- 직업훈련 체계 및 인력개발 사업(고용부 등 정부 부처)과 대학 체계의 유기적 연계

- 학점인정 및 전이(Credit Transfer) 체계의 전면 재설계
- Micro Credential 체계의 국가적 설계와 인증 표준 정립
- 평생학습계좌제와의 실질적 연계 운영
- 「고등교육법」과 「평생교육법」 간 체계 정비를 통해 법적 일관성 확보
- 성인학습자에 대한 재정지원의 형평성 보장
- 내부 질 보증(QA: Quality Assurance) 시스템과 외부 감사체계의 병행 등 질 관리 구조의 강화

대학 교원 체제의 개혁: 가르치는 자의 다원화

전통적인 교수 임용 방식은 논문 박사 중심의 연구 역량에 편중되어 있다. 그러나 평생교육 체제로 전환된 대학에서는 다양한 분야의 전문가, 실무자, 장인, 직업인 등 다양한 교수 유형이 함께 참여할 수 있도록 개방해야 한다. 동시에 이들 교수에 대한 질 관리 및 교육 역량 인증 체계도 함께 마련되어야 한다.

대학별 다양화와 특성화

대학은 모두 동일한 규모와 방법으로 평생교육 기능을 수행할 필요는 없다. 대학의 특성화와 연계해야 한다. 일부는 연구 중심 대학

으로, 다른 일부는 지역사회 기반의 실천형 대학으로 특성화될 수 있다. 각 대학은 특성화된 발전 전략을 기반으로 지역의 산업, 인구, 문화 특성에 맞춘 맞춤형 교육과정을 개발하고, 지자체 및 지역민과 협력하는 열린 교육 플랫폼으로 역할을 다해야 한다.

대학의 생애 학습 기관 전환을 위한 국가 전략

대학은 이제 소수의 학문 연구기관이 아닌, 국민 모두의 학습권을 보장하는 핵심 플랫폼으로 기능해야 한다. 이를 위해서는 다음과 같은 방향이 시급히 요구된다.

- 대학 자체가 평생교육기관으로 전환되어야 하며, 다양한 입학·학습·성과 인증 경로를 제공해야 한다.
- 「고등교육법」과 「평생교육법」의 통합적 정비, 고용노동부의 직업훈련 정책과의 연계, 각 부처의 인력개발 사업, 교육부 평생학습 제도 등과의 통합·연계가 병행되어야 한다.
- 국가가 재정과 법 제도의 개편을 통해 '대학의 생애 학습 중심 전환'을 적극적으로 지원해야 하며, 이 과정에서 질 관리는 강화하고, 형식주의적 인증은 최소화해야 한다.
- 무엇보다 대학은 '교육의 민주화'와 '학습권 보장'의 중심축으로, 누구도 배제하지 않는 열린 고등교육을 구현해야 한다.

기능경기대회, 이제는 기능교육의 축제로 다시 설계해야:
엘리트 중심 선발구조에서 기능교육을 강화하는 기제로 삼아야

기능경기대회는 '숙련기술 장려'라는 국가 전략의 일부였다

기능경기대회는 「숙련기술장려법」에 근거하여 고용노동부가 주관하는 국가 단위 기능 선수 선발 및 보상 시스템이다. 제도의 목적은 명확하다. 숙련기술인의 위상을 높이고, 산업 경쟁력을 강화하며, 젊은 세대의 기능 훈련 참여를 유도한다는 것이다. 이 시스템은 크게 3단계로 구성되어 있다.[48]

---

48) https://meister.hrdkorea.or.kr/main/main.do. (2025. 06. 18. 검색)

① 지방기능경기대회: 시도 기능경기위원회가 주관하여 지역 내 숙련기술인을 발굴하고 사기를 진작시킨다는 명목이다. 현재 17개 시도에서 동일한 직종(50개 이상)을 기준으로 5일간 운영된다. 1, 2, 3위 입상자는 상장, 메달, 상금 및 해당 직종 국가기술자격 기능사 시험 면제의 혜택이 주어진다.
② 전국기능경기대회: 각 지역 대회를 통과한 선수가 전국대회에 출전하고, 이 중 일부가 고용노동부 장관상 등 국가 차원의 포상을 받는다.
③ 국제기능올림픽(WorldSkills): 전국대회 수상자 중 우수 선발자를 집중적으로 육성하여, 국제기능올림픽에 출전시키는 구조다. 이 대회는 WSI(국제기능올림픽대회 조직위원회)가 주최하며, 한국은 매회 다수의 수상자를 배출하고 있다. 금메달을 따면 동탑산업훈장에 6,720만 원의 상금이 수여되며, 해당 분야 국가기술자격 산업기사 자격시험을 면제받는다. 물론 산업기능요원으로 병역 대체복무도 가능하다.

하지만 지금 이 구조는 낡은 시스템이다

이 제도는 1960~1980년대 한국이 저개발국에서 산업화 국가로 성장하는 시기에 요구되었던 방식이다. 당시에는 몇몇 우수 기능인을 길러 세계대회에서 메달을 따고, 이를 국가의 산업 역량과 연결 짓는 국가주의적 기능관이 강하게 작동했다. 마치 체육 분야에서 엘리트 선수를 선발해 국제대회에서 금메달을 따는 것처럼, 기능경기대회도 '국가대표 기능 선수 선발 시스템'으로 작동한 것이다. 이 구조는 지금도 여전히 유지되고 있다.

- 지방대회 → 전국대회 → 국제대회라는 엘리트 육성경로
- 입상자 중심의 보상 체계(훈장, 포상, 병역 특례 등)
- 반복 숙달 중심의 집중 훈련 체계(일부 대기업이 선수 채용 후 자체 훈련)
- 상급 대회를 위한 선발이 목적화된 대회 구성

문제는 이 제도가 전체 기능교육의 질 향상과는 별개로 작동한다는 점이다. 기능 훈련은 등한시하면서, 일부 '기능반 학생'들만 집중 지도 받고, 이들이 대회에서 좋은 성적을 내면 학교도 성과로 인정받는다. 전국 체전이나 학생체전처럼, '기능교육의 생활화'가 아닌 '기능 선수 선발'이 목적화된 구조이다.

기능경기대회는 기능교육의 축제가 되어야 한다

기능경기대회는 이제 패러다임 자체가 바뀌어야 한다.

① '선발'이 아닌 '인증' 중심 구조로 바꿔야 한다.
- 기능경기대회는 기능 훈련의 최종평가장이자 보상 장치로 재

편되어야 한다.
- 일정 수준 이상 통과한 학생에게는 기능사 자격 자동 부여를 원칙으로 해야 한다.
- 전국대회에서도 일정 기준 이상이면 산업기사 자격을 부여하는 구조로 전환해야 한다.

지금처럼 산업인력공단이 별도의 기능사 시험을 만들어 운영하면서, 기능경기대회는 별도로 치르는 '이중 구조'는 비효율적이다. 학교 교육과 자격증 취득이 연계되어야 한다.

② 엘리트 선발 중심 보상 체계를 줄이고 '학습자 전원 참여' 체계로 바꿔야 한다.

- 모든 직업고 학생이 일정 수준의 기능 훈련에 참여하고,
- 각 학교에서 기초 기능 성취를 이룬 학생을 선별하여 지역 기능축제에 참여할 수 있도록 한다.
- 지역 기능축제는 기능 성취와 창의성 발표의 장이 되어야 하며, 입상자 선발은 부차적이어야 한다.

③ 국제대회는 별도로 분리 운영

- 국제기능올림픽은 여전히 국제 위상 확보에 의미가 있을 수 있다.
- 그러나 이 시스템은 별도의 국가훈련단 체계로 운영하되, 기업이 주도해야 한다.
- 국내 기능경기대회가 그 출전자 선발을 위한 구조가 되어서는 안 된다.

나아가 한국형 기능교육 모델을 아프리카에 수출하자

오히려 지금의 기능경기대회 시스템은 ODA 방식의 국제 기술협력에 적합하다. 아프리카, 동남아 등 기술교육 저개발 국가에서는 Boom Up이 우선 과제이며, 엘리트 선수를 중심으로 지역별 기능역량을 고양하는 모델이 정책적으로 필요한 시기다.

- 한국의 1980년대형 기능경기대회 모델은 이들 국가에 적절할 수 있다.
- 이를 ODA나 국제개발협력 차원에서 한국산 기능경기대회 모델(K-Skills Competition Model)로 설계하고,
- 지역 기술학교나 직업 고등학교 시스템과 연계하는 기능 훈련 기반의 국제협력사업으로 발전시킬 수 있다.

우리나라 KOICA도 유사한 사업이 있지만, 활성화되어 있지 않다. 또 그 중요성도 덜 느끼는 것 같다.

정리하면

지금의 기능경기대회는 기능교육을 위한 장이 아니라, 기능 선수를 뽑기 위한 엘리트 선발시스템으로 작동하고 있다. 저개발국이나 중진국 초기 때나 적당한 방법이다.

- 전국 체전과 유사한 구조
- 상급 대회 중심의 경쟁 설계
- 집중 훈련 → 메달 → 보상이라는 피라미드식 전통

그러나 지금 필요한 것은 기능교육의 확산이고, 모든 학생이 일정 수준 이상의 기능을 체득할 수 있도록 기초교육을 제도화하는 일이다. 기능경기대회는 '뛰어난 기능인을 뽑는 행사'가 아니라, '기능교육의 축제'가 되어야 한다. 우리는 왜 아직도 '선발과 경쟁'만을 기능의 방식으로 남겨두고 있는가? 이제는 기능의 권리를 묻고, 기능의 기회를 설계할 때다.

보론 5.

BEAR 프로젝트와
나미비아 기능경기대회의 기억:
우리가 만들어 놓고 남에게 넘긴 기회

필자는 2년간 유네스코 파리 본부에서 파견 근무를 하며, 대한민국 교육부의 신탁기금으로 운영된 BEAR 프로젝트(Better Education for Africa Rises)를 직접 총괄한 바 있다. BEAR는 한국이 UNESCO와 협력하여 아프리카의 직업교육을 지원하기 위한 ODA 프로젝트였으며, 단순히 자금 지원을 넘어 한국의 직업교육 소프트웨어와 하드웨어까지 함께 전파할 수 있는 국제협력 모델로 설계되었다. 물론 UNESCO의 틀이 있었기에 UNESCO의 사업계획을 바탕으로 추진되었지만.

BEAR II의 사업 중 하나, 나미비아 기능경기대회 지원

그중에서도 필자는 나미비아 기능경기대회를 지원한 경험을 매우 중요하게 생각한다. 나미비아는 BEAR I 사업대상국 중의 하나였고, 이때 기능경기대회를 처음 지원했다. 필자는 BEAR II 사업으로 나미비아의 두 번째 대회를 지원하였다. 필자는 기능경기대회가 한국의 직업교육훈련 제도 중 가장 강력한 국제협력 방법이 될 수 있음을 옛날부터 생각했었고, 나미비아 기능경기대회를 지원하면서 내 생각을 확신하게 되었다.

기능경기대회라는 포맷은 1980년대 한국이 산업화 과정에서 사용했던 훈련 방식이며, 이 방식은 지금의 아프리카에 적절하게 적용될 수 있는 '한국형 기술 붐 모델'이기 때문이다. 한국의 은퇴한 숙련 기능인들이 기술 코치로 활동할 수 있고, 한국이 축적해 온 기능 훈련 교재, 커리큘럼, 장비 표준을 함께 전파할 수 있으며, 직업학교 교원 연수, 학생 훈련, 기능 자격 체계까지 전체 패키지를 수출할 수 있었기 때문이다. 나는 이걸 단순한 외교적 활동이나 개발원조가 아니라, 기능교육을 통한 지속 가능한 국제협력 모델로 설계할 수 있었다고 보았다.

그러나 우리는 무관심했고, 기회는 사라졌다

나는 기능경기대회를 통한 개발협력 활성화 방안을 수립해서 정부에 제출했다. 그때 내가 강조한 메시지는 다음과 같다.

① 숙련 기능인 은퇴 이후 활용: 기술을 가지고 있는 시니어들이 국제협력 현장에서 교육과 자문 역할을 할 수 있다. 이것이야말로 진정한 '기능인의 평생 현역 사회' 구현이다. 실제 나미비아에 한국의 미용 종사자들이 심사했고, 이들은 너무 행복해했다.

② 기능교육 S/W와 H/W 수출: 단순히 장비를 수출하는 것이 아니라, 훈련 시스템, 교재, 교육과정, 자격 연계, 정보화 시스템 등 직업교육 전반을 수출할 기회가 될 수 있다.

③ WorldSkills 이사국 진출의 교두보: 당시 한국은 국제기능올림픽 조직위원회(WorldSkills International)의 이사국이 아니었고, 아프리카 다수 국가가 처음으로 위원회에 가입을 시작하는 시점이었다. 이 국가들의 기능올림픽 붐을 우리가 주도하면, 중장기적으로 국제기구 내 의결권과 위상을 확보할 수 있는 전략적 기회가 될 수 있었다.

④ 아프리카 국가 정치인들의 지지와 후원 확보 용이: 옛날 우리도 기능올림픽 수상자들이 서울 시내에서 카퍼레이드를 한 적이 있었다. 같은 상황이 아프리카에서도 발생할 수 있는 것이다.

그러나 결과는? 교육부는 아무런 응답이 없었다. 고용노동부 산하 숙련기술진흥원은 "신남방정책에 집중 중이라 도와줄 수 없다"라고 했다.

지금은 누가 하고 있는가?

우리가 만들고, 시작했던 이 구조는 지금은 유럽 국가들이 이어받아 운영 중이다. KOICA가 Africa 일부에 지원을 하고 있지만, 그 철학은 없고, 형식만 남았다.

'예산이 있으니 한다'라는 방식일 뿐이다.

기회는 여전히 있다? 철학이 중요하다

나는 지금도 확신한다. 한국형 기능경기대회 모델은 개발도상국, 특히 아프리카 국가에서 여전히 유효하다. 패키지 지원이 가능하고, 아프리카 국가 지도자들의 지지도 얻기가 쉽다고 본다.

그리고 이를 통해 한국의 숙련기술인들은 제2의 직업을 얻을 수 있고, 한국은 기능교육과 국제협력의 교차점에서 독보적인 영향력을 발휘할 수 있으며, WorldSkills 국제무대에서도 진정한 리더십 국가로 자리매김할 수 있다. 이 모든 기회는 철학이 없는 조직, 이익을 우선하는 부처 문화 속에서 무너졌다. 함께 설계하지 않고, 함께 책임지지 않는다면, 한국은 늘 '시작만 하고 끝은 남에게 넘겨주는 나라'가 될 것이다.

과정평가형 국가기술자격, 검정 권력의 유지 수단?

과정평가형 자격의 개념과 구조

과정평가형 국가기술자격은 기존의 필기·실기 중심의 검정형 자격제도와 달리, NCS에 기반을 둔 교육·훈련과정을 이수한 후, 내부 평가(교육기관)와 외부 평가(한국산업인력공단)를 모두 통과한 경우에 자격을 부여하는 방식이다.[49]

- 합격 기준: 출석률 75% 이상, 내부 평가 및 외부 평가 평균 80

---

49) 한국산업인력공단(2022), 『2022년 과정평가형 국가기술자격 길라잡이(운영매뉴얼)』.

점 이상
- 평가 방식: 내부 성적(교육기관 평가)과 외부 성적(공단 주관 검정)을 1:1로 반영하여 자격 여부 결정

이 제도는 '과정 → 평가 → 자격'이라는 흐름을 지향하나, 평가권은 여전히 산업인력공단이 독점하고 있으며, 과정의 자율성과 평가의 공공성 사이의 긴장을 해소하지 못한 채 운영되고 있다.

과정이수형 자격과의 본질적 차이

과정평가형 자격은 일견 학교의 교육과정과 자격 취득을 연결하려는 시도처럼 보이지만, 실제로는 학교의 평가 역량을 신뢰하지 않고 외부 검정을 유지하려는 제도적 절충에 가깝다.

- 과정이수형 자격: 학교가 교육과정을 자율적으로 운영하고, 자체 평가에 따라 자격을 수여한다. 학교가 자격의 발급자가 될 수 있다.[50]
- 과정평가형 자격: 교육기관은 훈련과정을 운영하지만, 자격을 최종적으로 부여하기 위해서는 반드시 외부의 검정평가를

---

50) 필자는 '과정이수형 자격'이 올바르다고 주장했다. 과정을 이수하면 자격을 받을 수 있어야 했다. 호주 시스템을 공부한 필자에게 과정평가형은 기존의 검정형 자격의 재판이라고 봤다. 그러나 이미 정책 주도권은 고용노동부에 있었다.

통과해야 한다. 이는 곧 학교는 공급자일 뿐이고, 검정 권한은 외부에 있음을 의미한다.

이는 단순한 설계 방식의 차이를 넘어, 자격을 '국가가 통제하는 제도로 볼 것인가?, 교육의 성과로 인정할 것인가?'라는 관점 차이에서 비롯된다.

고용노동부와 한국산업인력공단의 생각

고용노동부와 한국산업인력공단은 자격제도를 국가적 검정 체계의 일부, 즉 공신력 있는 국가기술자격 체계의 관리와 유지라는 관점에서 접근한다. 이로 인해 다음과 같은 체계가 유지된다.

- 검정 우선주의: 자격은 학습 과정과 무관하게, 일정 기준의 시험만 통과하면 부여될 수 있는 구조로 설계되어 있다.
- 검정 권한의 독점 유지: 과정평가형 제도에서도 외부 검정을 필수로 둠으로써 산업인력공단의 평가 권한을 공고히 유지하고 있다.
- NCS 기반 자격의 이중 구조: NCS를 적용한 자격이 생겨났으나, 기존 자격과 병행 운영되며 체계적 통합이 되지 않아 자격 체계는 여전히 이원화되어 있다.

표면적으로는 '과정 → 평가 → 자격'이라는 혁신적 흐름을 추구한다고 주장하지만, 실제로는 과정과 평가의 통합 없이 외부 통제가 추가되고 강화된 제도라고 볼 수 있다.

국제 사례와의 비교

호주의 직업교육훈련(VET) 시스템은 NCS를 기반으로 Training Package를 만들고, 자격 이수 과정이 학교 내 Internal Assessment(형성/총괄 평가 포함)에 의해 관리되며, 외부 평가는 제한적으로만 활용된다.

- 훈련기관의 평가 권한과 역량 강화가 핵심이며,
- 자격은 교육과정의 성취를 통해 자동으로 연결된다.
- 자격은 시험의 통과가 아니라, 학습에 따른 실질적 성취(Achievement)의 결과물로 이해된다.

즉, 공신력 있는 자격을 확보하는 방식은 외부 평가를 강화하는 것이 아니라, 학교 내부의 질 관리 시스템을 정교하게 설계하고 신뢰를 구축하는 데 있다.

한국 제도의 구조적 한계와 그로 인한 부작용

현재의 과정평가형 자격제도는 자격제도의 본질적 목적과 어긋나는 다음과 같은 한계를 지닌다.

- 학교 교육의 무력화: NCS 기반의 교육과정을 운영하고 자체 평가까지 수행하지만, 자격은 외부 검정을 통해서만 부여되므로, 학교는 평가 주체로 인정받지 못한다.
- 과정과 자격의 분리: 학습 과정은 자격과 직접 연결되지 못하고, 자격은 시험 기술에 의존하게 된다. 학교 교육은 자격과 무관한 형식적 운영으로 전락할 수 있다.
- 산업계 요구와의 불일치: NCS가 산업계의 실제 요구와 괴리되어 있으며, 정부 주도의 개발 방식은 현장성에 취약하다.
- 자격의 신호 기능 상실: 자격이 실력을 보여주는 지표가 되어야 함에도, 단순히 시험을 잘 보는 능력의 인증으로 왜곡되고 있다.

과정과 자격을 일치시키기 위한 구조 재정립이 필요하다

진정한 제도 개편은 검정 권력의 유지가 아닌, 자격의 본질에 대한 재정립에서 출발해야 한다. 개편의 핵심 방향은 다음과 같다.

① **과정과 자격의 실질적 연계:** 자격은 교육과정을 충실히 이수한 결과로써 부여되어야 하며, 학교는 그 과정을 자율적으로 설계할 수 있어야 한다. 자격이 국가자격이 아니어도, 대학에서 Micro Degree를 수여하듯 민간자격 또는 교육기관 자격의 활성화도 필요하다. 물론 국가가 산업계와 협의해서 만든 지침이 전제되는 것이 바람직하다.

② **학교의 평가 역량 강화:** 내부 평가의 신뢰성을 확보하기 위해 질 관리 시스템, 교사 훈련, 평가도구 개발을 체계화해야 한다. Formative/Summative 평가 체계를 내재화한 학교 중심 평가가 핵심이다.

③ **산업계 주도 NCS 체계 개선:** NCS는 Competency Standard, Delivery, Assessment, Achievement를 통합한 구조로 설계되어야 하며, 산업계가 전면에 나서 책임을 져야 한다. 그래야만 자격이 현장성과 실효성을 갖는다.

④ **NQF와 수준 체계 정비:** 자격의 수준(Level)을 명확히 하여 국내외 호환성과 통용성을 높여야 한다. 이를 통해 자격은 학습 성과이자, 역량의 신호로 기능할 수 있게 된다.

⑤ **국가기술자격 체계 전면 개편:** 학교 교육 정상화, 산업계 수요 반영, 교육-훈련-자격의 통합이라는 원칙을 바탕으로, 단기 타협이 아닌 구조적 전환을 도모해야 한다. 그래야만 자격이 신뢰성과 공공성을 회복할 수 있다.

정리하면

　과정평가형 자격제도는 '교육을 통해 자격을 취득하는 체계'처럼 보이나, 실제로는 검정 권력을 고수하고 자격 통제를 유지하기 위한 제도적 장치에 가깝다. 학교는 평가 주체로 인정받지 못하고, 자격은 교육의 성과가 아닌 시험의 결과로 귀결된다. 진정한 직업교육과 자격의 신뢰 회복을 위해서는 검정주의에서 벗어나, 평가 주권을 교육기관과 산업계로 분산하는 구조 재설계가 필요하다. 과정과 자격의 실질적 일치, 학교의 평가 자율성 확보, 산업계 책임 강화, 자격 수준 체계의 정비 없이는, 한국의 자격제도는 여전히 '자격은 있으나 신뢰는 없는' 체계로 남을 것이다.

보론 6.

과정평가형 자격,
과연 NCS 기반인가?

　대한민국은 2015년부터 검정형 국가기술자격의 대안으로 과정평가형 자격제도를 운영해 오고 있다. 이 제도는 국가직무능력표준(NCS)에 기반하는 훈련과정을 이수하고, 내부·외부 평가를 통해 자격을 부여하는 방식으로 설계되었다. 겉으로 보기에 이는 직무 중심의 교육훈련과 자격을 연계하는 제도로 보이지만, 실제 제도 운영의 구조와 내용은 그 선언적 목적과 상당한 간극을 드러낸다.

　여기서는 한국의 과정평가형 자격제도를, 동일하게 NCS라는 개념을 중심에 두고 자격 체계를 구성하고 있는 호주의 Training Package 체계와 비교함으로써, 한국이 'NCS 기반 자격제도'로서 갖는 구조적 특징과 한계를 비판적으로 검토하고자 한다.

1) 자격 설계의 기준과 주체: 기준은 있으나 설계 권한은 없다

호주에서는 자격(Qualification)이 산업별 협회(JSCs)가 개발하는 훈련 패키지를 바탕으로 직접 설계되며, 그 구성은 자격 수준과 요구되는 직무 역량을 기준으로 관련 Unit of Competency의 조합으로 정해진다. 반면, 한국의 과정평가형 자격은 기존 국가기술자격 중 일부 종목에 한해 한국산업인력공단이 훈련기준과 평가 체계를 사전에 설계하고, 이를 따르는 기관에만 훈련과 자격 평가 권한을 부여한다. 자격의 구조는 이미 결정된 상태에서 교육기관은 운영자일 뿐, 설계자가 아니다.

2) 능력 단위와 평가 기준의 연계: 기준은 참조되나, 평가의 중심은 아니다

과정평가형 자격은 명목상 "NCS 능력 단위 기반으로 훈련과 평가를 실시한다"라고 되어 있다. 실제 훈련과정은 NCS 능력 단위를 100% 반영하도록 편성되고, 내부 평가 또한 각 능력 단위의 수행 준거를 기준으로 평가도구를 구성한다. 그러나 외부 평가는 대부분 종합형 상황문항 또는 과제로 구성되며, 개별 능력 단위의 요소가 모두 평가되는 구조는 아니다.

더 근본적인 문제는 한국의 NCS 체계에는 성취기준(Achievement

Criteria) 자체가 모호하다는 점이다. 어떤 결과물을 어느 수준으로 수행했을 때 '능력 단위를 성취한 것'으로 볼 수 있는지에 대한 명시적 기준선이 부재하다. 이에 따라 훈련-학습-성과-자격 간의 연계 고리는 공식적으로 설정되어 있지 않으며, NCS는 참고기준으로만 작동하고 있다.

3) 평가 체계의 구조: 훈련기관의 평가 책임은 제한적이다

호주에서는 RTO(Registered Training Organization)가 훈련과정의 운영은 물론, 자체 평가를 통해 자격을 수여할 수 있다. 국가는 자격기준의 표준화와 품질관리 역할만을 담당하며, 기관이 자격을 설계하고 평가하며 발급하는 책임까지 통합적으로 가진다.

반면, 한국은 훈련기관이 내부 평가를 실시할 수 있으나, 자격의 최종 취득은 공단의 외부 평가 통과 여부에 의해 결정되며, 평가도구 또한 공단의 사전 인증을 받아야 한다. 기관의 자율적인 판단과 재량은 제한되며, 훈련기관은 자격 부여의 실질적인 책임 주체가 되지 못한다.

4) 단위 자격과 유연한 경력 경로의 미비

호주 체계에서는 전체 자격을 취득하지 않더라도 개별 Unit을 이수하면 Statement of Attainment가 발급되며, 이는 나중에 다른 자격 취득이나 고용에도 공식적으로 인정된다. 단위(Unit) 기반의 유연한 학습경로와 자격 취득 경로가 열려 있는 것이다.

한국은 과정평가형 자격에서 훈련과정 중 일부만 이수하거나, 능력 단위 몇 개를 달성하더라도 공식적인 자격은 발급되지 않는다. 학습자는 모든 단위를 이수하고, 외부 평가를 통과해야만 자격증을 받을 수 있으며, 중간 성과물이나 이수증은 인정되지 않는다.

정리하면

이러한 차이들은 한국의 과정평가형 자격이 표방하는 'NCS 기반 자격제도'라는 표현이 제도적 구조의 실질적 연계성을 동반하고 있지 않음을 보여준다. 훈련과정은 능력 단위에 기초하지만, 평가와 자격 취득은 능력 단위 체계와 부분적으로만 연결되며, 자격 설계와 운영의 권한은 여전히 정부와 공공기관에 집중되어 있다.

만약 한국이 NCS 기반 자격 체계의 실효성을 확보하고자 한다면, 훈련기관의 자율성을 제도적으로 보장하고, 능력 단위별 성취 기준을 명확히 설정하며, 훈련-성과-자격을 연계하는 구조적 개편이 선행되어야 할 것이다. 단순히 훈련기준으로서의 NCS를 넘어서, 자격 기준과 평가 기준으로서의 NCS를 구현할 수 있을 때 비로소 과정평가형 자격이 진정한 의미의 능력 중심 자격제도로 기능할 수 있을 것이다.

자격은 왜 더 이상 자격이 되지 못하는가?: 한국의 국가자격제도, 다시 쓰여야 할 때

오늘날 우리 사회에서 자격증은 일종의 생존 수단이 되었다. 누구나 1~2개쯤 자격증을 갖고 있고, 구직과 취업의 관문을 통과하기 위해 자격증 학원과 온라인 강의가 넘쳐난다. 고등학생도, 구직자도, 경력자도, 은퇴자도 자격증 공부에 시간을 투자한다. 자격증은 때로는 채용의 조건이 되고, 때로는 승진의 요건이 되며, 때로는 단지 '뭔가를 하고 있다는 느낌'을 주는 심리적 위안이 되기도 한다. 특히 기능사, 산업기사, 기사, 기술사, 기능장으로 구성된 국가기술자격 체계는 산업인력공단을 중심으로 방대한 검정과 발급이 이루어지는 대표적인 국가 주도 시스템이다.

하지만 이토록 보편화된 자격증 제도는 정작 그 기능을 수행하고 있는가?

지금의 국가자격 체계는 우리가 기대했던 방향으로 작동하고 있는가?

이러한 물음에 대해서, 대다수 현장의 목소리는 점점 더 고개를 젓고 있다. 자격은 있지만, 신뢰는 없고, 제도는 있으나 의미는 사라졌다. 지금 우리가 다시 짚어야 하는 것은 단순한 운영상의 문제가 아니라, 자격제도의 철학과 구조 그 자체에 대한 근본적 성찰이다.

국가자격은 과연 자격(Qualification)인가?

국가자격이라 하면, 일정 수준 이상의 지식, 기능, 태도를 갖추었음을 사회적으로 인증해 주는 공공적 장치여야 한다. 그러나 지금의 자격은 학습과 훈련의 결과라기보다는, 시험에 통과한 결과에 불과하다. 다수의 자격시험은 이론 문제 중심의 필기시험과 제한된 실기 평가로 구성되어 있고, 실무 경험이나 현장 역량을 제대로 평가하는 방식은 거의 없다. 무엇보다, 학습이 없는 자격증 취득, 즉 무(無)학습 자격 취득이 구조적으로 가능하다. 그 결과, 자격증은 점점 더 '스펙으로서의 자격', '구직 조건으로서의 관문'으로 퇴행하고 있다. 이런 자격이 과연 진정한 의미의 Qualification인가? 사회가 신뢰할 수 있는 인증 체계인가?

국가자격은 사교육을 불러왔는가?

자격은 본래 일정한 교육과 훈련을 거쳐 지식, 기능, 태도를 갖춘 사람에게 사회적으로 그 성취를 공식 인증해 주는 장치다. 그러나 현재의 국가자격은 학습 이력이나 교육 이수와는 무관하게 누구나 시험만 보면 응시할 수 있고, 단지 시험에 통과했느냐의 여부로 자격 취득이 결정된다. 교육을 받았는지, 현장에서 얼마나 일했는지, 실제 역량은 어떤지는 제도적으로 반영되지 않는다.

결과적으로 이 구조는 자격 취득을 위한 '별도의 사교육시장'을 만들어 냈다. 직업고 학생이든 대학생이든, 실제 교육과정과는 별도로 '시험을 위한 공부'를 해야 하는 구조가 만들어졌고, 이는 자격이 교육의 결과가 아니라 교육을 대체하는 도구로 변질하였다는 사실을 의미한다.

이런 구조는 학습 없는 자격(Learning-less Qualification)이라는 모순을 낳고 있으며, 교육은 자격을 위한 사전 훈련장이 되고 말았다. 가장 중요한 전환점은 자격이 교육을 이끄는 것이 아니라, 교육이 자격을 따라가게 되는 역전 현상이 이미 구조화되었다는 점이다.

이에 대한 보완책으로 정부는 '과정평가형 자격'을 도입하였지만, 실제 취득자 수는 전체의 1.7% 수준에 불과하다(2024년 기준, 전체 61만여 명 중 약 10,000여 명).[51] 제도는 존재하지만, 시스템 전반의 흐름을 바꾸지는 못하고 있는 셈이다. 물론 과정평가형 자격의 문제도 심각한 수준이다.

"이 자격을 따기 위해 어떤 학습을 했는가?"에 대한 사회적 확신 없이, "이 시험을 통과했으니 자격이다"라는 구조는 결국 자격제도의 신뢰도를 근본적으로 떨어뜨린다.

자격은 노동시장에서 신호를 보내는가?

자격의 가장 중요한 기능 중 하나가 '시그널링(Signalling)', 즉 신호이다. 자격은 노동시장에 특정한 메시지를 보낸다. 이 사람은 일정 수준의 역량을 갖췄고, 기본적인 직무 수행 능력을 기대할 수 있으며, 그만큼의 학습과 준비를 해왔다는 신호다.

하지만 지금의 자격은 이 신호 기능을 상실했다. 너무 많은 자격이 존재하고, 너무 많은 사람이 그것을 취득하고 있기 때문이다. 분화도, 난이도도, 인증 구조도 정교하게 구분되지 않은 자격들이 수천 개에 달하면서, 자격은 이제 '차별적 신호'가 되지 못하고 있다. 오히려 '자격증 없는 사람보다 낫겠지'라는 수준의 심리적 참조자

---

51) https://c.q-net.or.kr/cmn/com/intro.do. (2025. 06. 19. 검색)

료로 전락하거나, 이력서 한 줄 채우기용으로 활용될 뿐이다.

그 결과, 자격증은 실력의 증표가 아니라, '불안의 표식'이 되었다. 채용 과정에서도 기업은 자격을 큰 기준으로 보지 않으며, 직무 적합성보다는 학벌이나 연고, 경험 기반 평가에 더 의존하고 있다. 즉, 자격은 신호로서의 사회적 신뢰를 잃었다. 또 하나의 스펙일 따름이다.

자격은 통용되는 '통화(Currency)'인가?

자격의 또 다른 기능은 '통용성' 또는 '통화성(Currency)'이다. 자격이란, 어떤 분야의 업무를 수행하는 데 충분한 역량을 갖췄다는 것을 인증하고, 이 인증이 시간이 지나도, 장소가 달라도, 산업이 바뀌어도 일정한 신뢰를 유지할 수 있어야 한다.

그러나 지금의 국가자격제도는 이 통용성에서도 실패하고 있다. 가장 대표적인 현상은 '장롱자격'이다. 수십 년 전에 취득한 자격도 여전히 유효하며, 이에 대한 갱신 제도나 사후 평가, 보완 이수 제도는 거의 존재하지 않는다. 산업 구조가 달라지고 기술이 빠르게 진화하는 지금의 시점에, 수십 년 전 취득한 자격이 아무런 갱신 없이 인정된다는 것은 제도의 실효성을 떨어뜨릴 뿐 아니라, 자격을 가진 자에 대한 사회적 불신을 키운다.

더 나아가 문제는, 이러한 자격이 실제 산업 현장에서 현장성과 무관하게 유지된다는 점이다. 사용되지 않는 자격이 계속 유효한 상태로 남아 있는 것은 자격제도를 기능적으로 무력화시키는 가장 큰 요인 중 하나다.

자격은 수요 기반으로 설계되는가?

마지막으로, 자격은 실제 산업과 직무의 수요에 기반해 설계되고 운영되어야 한다. 그러나 지금의 국가자격제도는 정부 각 부처가 자체적으로 자격을 설계하고 운영하면서, 산업계의 수요는 고려되지 않거나 형식적으로만 반영된다.

특히 고용노동부가 주관하는 국가기술자격과 더불어, 국토부, 보건복지부, 문체부, 과기정통부 등에서 운영하는 수많은 국가전문자격은 정책 수단으로서, 혹은 시장 진입 규제의 도구로서 설계되어 있다.

이러한 구조는 마치 합리적 분업처럼 보이지만, 실제로는 다음과 같은 문제를 낳는다.

- 각 부처는 자격 신설과 운영을 부처의 정책 수단 또는 권한 행사 도구로 사용하고 있다.

- 자격은 규제의 수단이 되고, 시장 진입 제한 장치로 기능하며,
- 결과적으로 국가자격제도가 공공자산이 아닌 '부처 간 소유물'처럼 운용되고 있다.

자격이 많아질수록, 그것을 통제할 규칙과 부처의 권한도 늘어난다. 이는 자격의 공공성과 사회적 신뢰도를 희생시키면서, 행정 권력 중심의 규제 체계로 자격제도를 수렴시킨다.

자격이 산업의 수요가 아니라 정책의 필요로 만들어진다면, 그 자격은 결코 현장에서 활용되지 못한다. 결국, 기업은 자격을 요구하지 않고, 자격은 시장에서 외면당하며, 그 자격을 위해 수십만의 사람들이 학원과 시험장에서 낭비한 시간과 비용만 남게 된다.

이제 구조를 다시 설계해야 할 때이다

이제는 자격제도를 전면적으로 재설계해야 한다. 부분 보완이나 미세 조정의 문제가 아니다. 다음의 전환이 필요하다.

① **검정 중심에서 학습 중심으로:** 자격은 시험이 아니라 학습의 결과여야 한다. 지금처럼 누구나 응시할 수 있는 검정형 중심 구조를 벗어나, 과정이수형(또는 과정평가형) 자격을 중심축으로 전환하고, 정규 교육 및 훈련과정과의 연계가 제도적으로 강

제되어야 한다. 일회적 검정에 의해서 능력 보유 여부를 평가하기보다는 교육훈련과정 속에서 평가되는 것이 더 정확하다. 물론 교육훈련기관의 평가 역량과 질 관리가 요구될 것이다.

② **제대로 된 신호로:** 자격이 '갖고 있으면 좋다'는 수준의 간접 신호가 아니라, 학습과 훈련의 증거이자 역량의 실질적 인증으로 작동할 수 있도록 질 관리 시스템과 학습성과 기준을 도입해야 한다. 그래야만 자격의 신호 기능이 강력해진다.

③ **갱신과 이력 관리 제도 도입:** 자격을 유지하기 위해 일정 기간마다 경력 갱신, 연수 이수, 실무 평가 등의 조건이 필요하다. 이것이 자격의 통화성을 유지하는 최소한의 조건이다. 이러한 철학은 RPL과 같은 기제에서도 같게 요구된다.

④ **산업 수요 기반 설계 체계로 전환:** 자격 신설은 정부가 주도할 것이 아니라, 산업계와 훈련기관이 공동으로 참여하는 구조여야 한다. NCS와 RPL, 학습계좌제 등을 연계하여 직무 기준과 교육 기준, 자격 기준이 하나의 루프에서 작동하도록 설계해야 한다.

정리하면

우리는 지금 자격이라는 이름 아래 시험 공화국을 만들었다. 자격은 많지만, 신뢰는 없고, 시험은 있지만, 학습은 없다. 제도는 존재하지만, 사회는 더 이상 그 자격을 쓰지 않는다. 이 모든 것은 자격이 제도적 장치로만 존재하고, 교육과 노동, 학습과 현장, 자율과 질 관리가 분리된 결과다.

이제는 자격을 다시 쓰자. 노동시장에 신호를 보내고, 학습을 증명하며, 산업과 연결되는 자격, 그 자격이 교육의 결과로 작동하고, 노동의 시작이 되는 자격, 그런 자격을 설계할 수 있어야 한다. '규제의 도구'가 아니라, '학습의 보증서'로. 그것이 진짜 자격이다.

보론 7.
자격 없는 사회를 상상하자:
국가자격제도 폐지 이후를 위한 설계

우리는 너무 많은 자격 속에 살고 있다. 이름을 외우기도 어려운 수천 개의 국가자격, 민간자격, 전문자격이 존재하고, 사람들은 그 자격을 취득하기 위해 반복적으로 시험을 치르고, 사교육을 받고, 이력서 한 줄을 더 채운다. 그러나 이런 제도적 과잉에도 불구하고, 사회는 자격을 신뢰하지 않는다. 기업은 자격을 채용 기준으로 삼지 않고, 교육은 자격을 목표로 삼지 않으며, 국민은 자격을 학습의 성취로 받아들이지 않는다.

그렇다면 우리는 이제 자격 자체를 근본적으로 다시 물어야 한다.

"자격은 정말 필요한가?"
"누가 자격을 설계하고, 누가 자격을 인정해야 하는가?"
"그리고 무엇이 자격 없는 사회를 가능하게 할 수 있을까?"

자격제도는 왜 폐지되어야 하는가?

지금의 자격제도는 본래의 목적을 수행하지 못하고 있다.
현재의 자격제도는 다음 네 가지 기능 모두에서 실패하고 있다.

① 학습의 결과를 인증하지 못한다 - 검정 중심 구조로 인해 학습은 자격과 무관해졌다.
② 노동시장에 신호를 보내지 못한다 - 자격이 과도하게 일반화되며 차별적 효력이 사라졌다.
③ 사용하지 않아도 유효하다. - 장롱자격은 관리되지 않고, 현장성과 무관하게 지속된다.
④ 현장의 수요에 기반하지 않는다 - 자격은 산업이 아니라 정부와 부처의 권력으로 설계된다.

결과적으로 지금의 자격제도는 공공적 제도가 아니라, 규제적 기제로 작동하고 있으며, 학습도 고용도 혁신도 촉진하지 못하고 있는 폐기된 구조가 되었다.

새로운 대안: 자격 없는 사회, 혹은 자격이 없는 자격제도

자격이 폐지되어야 한다는 말은 무질서한 사회를 만들자는 뜻이 아니다.

그 반대다. 자격 없이도 질서를 유지할 수 있는 구조, 학습으로 자격을 대체하는 사회를 설계하자는 것이다. 이러한 구조는 다음과 같은 기본 전제로부터 시작된다.

1) 자격은 정부가 주는 것이 아니라, 교육의 결과로 형성되는 것이다

지금의 자격은 시험과 인증이 분리되어 있다. 하지만 진짜 자격은 교사 양성과정처럼 교육과 훈련과정 그 자체에서 전문성을 내재화시키는 구조를 통해 생성될 수 있다. 교사가 되기 위해 별도의 국가시험을 치르지 않듯이, 기술자, 관리자, 조리사, 디자이너, 간호 보조 인력 등 대부분의 직종도 교육과정 내에서 역량을 충분히 형성할 수 있도록 설계되어야 한다. 직업에 대한 직무 역량체계가 만들어져야 한다.

2) 만약 최종적인 인증이 필요하다면, 그것은 산업계가 주도해야 한다

의사, 간호사, 약사, 항공정비사처럼 사회적 책임성과 위험성이 큰 직종에서는 별도의 인증이 필요할 수 있다. 그러나 그 인증은 산업과 실무 현장에 기반한 실질적 평가로 이루어져야 하며, 정부가 관장할 일은 아니다. 산업계가 직접 설계하고 운영할 수 있도록 하고, 평가위원은 교육기관과 산업 전문가가 함께 위촉하여 공정성과 실효성을 확보한다. 즉, 학력 이외의 별도의 신호 기제가 필요하다면, 그것은 정부가 아닌 산업이 판단하는 것이 맞다. 정부는 산업의 요구를 받아 법제를 정비하면 된다.

자격 없는 사회를 가능하게 하는 네 가지 정책 구조

1) RPL의 제도화: 사전 학습경험의 공식 인정 체계 구축

RPL(Recognition of Prior Learning)은 단지 제도 이름이 아니라, 학습경험을 사회적으로 인정하는 철학의 실천 구조다. 비형식 학습, 무형식 학습, 경력 기반 성취는 형식 교육과 마찬가지로 인정받을 수 있어야 하며, 이를 위해 다음과 같은 정교한 설계가 필요하다.

- 표준화된 RPL 평가 지침과 증거 기준 마련: 호주의 VET 체계처럼, 직무별로 인정 가능한 경험과 포트폴리오 유형을 정리하고, 국가 차원의 가이드라인으로 운영해야 한다.
- 대학 및 훈련기관의 책임 있는 평가 구조 설계: 학과 단위 자율에 맡기지 않고, 학교 단위 RPL 심의위원회, 외부 전문가 참여형 구조가 뒷받침되어야 한다. 교육훈련기관은 질 관리의 책임이 있다.

- 학습자 중심의 생애 학습 계좌 연계: RPL 결과는 개인의 평생 학습계좌에 자동 연동되어 축적되어야 하며, 후속 교육 및 자격 연결을 가능케 해야 한다.

이 체계가 정착되어야, 교육 이외의 삶의 경험도 사회적으로 가치 있는 성취로 인정받을 수 있다. 그리고 이 체계는 자격시험이 없는 사회로 가는 핵심 디딤돌이 된다.

2) 학습 포트폴리오와 학습계좌제의 전면화

자격이 폐지되거나 대체되기 위해서는 그 빈자리를 메울 수 있는 정보와 기록, 신뢰 가능한 구조가 필요하다. 그 해답은 개인화된 학습 포트폴리오와 국가 기반 학습계좌제다.

- 학습계좌제는 단순 이수 기록을 넘어서, 학습 목적, 성취 결과, 평가 내용, 프로젝트 결과물 등 다층적인 정보를 담는 구조로 확장되어야 한다.
- 국가가 운영하되, 교육기관·산업계가 정보 입력 주체가 되며, 학습자는 그 내용을 자기주도적으로 관리하고 활용할 수 있어야 한다.
- 이 포트폴리오는 자격증을 대신해 구직 시 자기소개서나 역량 이력서로 활용될 수 있으며, 실제 평가자(고용주·현장 관리자)는 이를 토대로 판단하게 된다.

즉, 자격증이라는 하나의 종이 문서를 없애기 위해서는, 그보다 훨씬 풍부하고 정교한 학습 증거 체계가 반드시 뒷받침되어야 한다.

3) 교육훈련 이수 결과의 자격 전환 체계 구축

자격은 별도의 시험이 아니라, 교육과 훈련을 충실히 이수한 결과 자체가 자격으로 전환되는 구조로 바뀌어야 한다. 이를 위해서는 학습자의 과정 이수와 성취 결과를 중심으로 한 '이력 기반 인증 체계'가 마련되어야 하며,

그 안에는 다음 세 가지 요소가 포함되어야 한다:

- 과정평가와 최종평가의 통합 운영: 교육훈련기관은 자체 평가 기준을 기반으로 과정평가를 실시하고, 외부 평가자는 일정 주기로 학습성과의 질과 일관성을 점검한다.
- 검정형 국가자격의 단계적 폐지와 평가권의 분산화: 자격 인증 권한을 교육기관에 이양하되, 독립된 인증기관이 운영하는 질 보증 체계(Accreditation System)를 병행하여 신뢰성을 확보한다.
- 성취 기반의 자격 자동 연계 시스템 구축: 학습자가 이수한 성취기준이 자격요건을 충족할 경우, 별도 신청 없이 자격으로 전환되도록 제도를 설계한다.

핵심은 시험 자체의 폐지가 아니라, 자격검정 시험이 교육과 분

리되어 있는 구조를 해체하는 것이다. 자격은 시험이 아니라, 이력과 경험이 만들어 내는 신뢰로 바뀌어야 한다.

4) 산업 기반 인증 체계와 현장 중심 평가 설계

자격제도가 폐지되면, 어떤 방식으로 산업계는 사람의 능력을 검증할 수 있을까? 답은 '산업계가 직접 평가의 기준을 만들고, 현장에서 평가를 조직하는 것'이다. 우리가 의사 국가시험, 간호사 면허시험을 운영하는 이유도 사회적 책임성과 현장 요구 수준이 높기 때문이며, 그러한 영역의 평가 권한은 정부가 아니라 해당 산업 커뮤니티가 주도하는 것이 타당하다.

- 산업별로 직무별 핵심역량 프로파일(Job Competency Profile)을 설정하고,
- 이를 기반으로 한 민간 인증제도 또는 산업 공동 평가 체계를 설계해야 한다.
- 인증 결과는 고용시장 내에서 공공 데이터베이스와 연동되어 확인 가능해야 하며,
- 산업계는 이 인증 결과를 직접 채용, 보상, 승진 등의 기준으로 활용하게 된다.

이 구조는 자격이 아닌 '능력에 대한 사회적 공감대'를 형성하는 방식이며, 정부의 규제 권한을 확대하지 않고도, 산업이 신뢰하는

평가 체계를 가능하게 한다. 물론 이들의 Rent-seeking Behavior를 막는 노력도 병행되어야 한다. 공적 감시와 시민사회의 비판과 참여가 뒷받침되어야 한다.

정리하면

자격 없는 사회는 무질서한 사회가 아니다. 그것은 자격이 제도적으로 존재하지 않더라도, 사람의 능력과 경험이 사회적으로 온전히 평가받을 수 있는 사회를 의미한다. 교육과 훈련이 곧 인증이 되고, 산업 현장이 최종평가의 기준이 되며, 국가는 시민의 학습권을 보장하고 연결하는 촉진자가 되는 구조. 우리가 도달해야 할 학습사회에서의 자격 없는 자격 시스템이다. 우리가 과거에 NCS(국가직무능력표준)를 만들고자 했던 숨은 철학 중 하나도 바로 여기에 닿아 있었다.

산업계가 설계한 역량 기준, 직무 체계 그리고 인증 방식

그러나 우리는 그 철학을 끝내 구현하지 못했다. 정부는 산업계가 아직 준비되지 않았다는 이유로, 능력이 부족하다는 판단으로, 또는 단지 관성적으로 그 주도권을 스스로 내려놓지 않았다.

그리고 그 공백을 틈타 덩치를 키운 것은 정부 자신과 그 주변의 수탁기관들이었다. 그 결과, NCS는 현장에서는 의미 없는 명목으로, 자격 체계와 훈련 체계는 연동되지 않은 이질적인 구조로, 현실을 담지 못한 국가 주도 기준으로 전락하고 말았다.

우리가 지금 보고 있는 자격은 폐지되어야 한다. 이는 단지 기능사·기사 같은 자격만을 말하는 것이 아니다. 능력 인정형 자격뿐 아니라, 흔히 '면허성 자격'이라 불리는 제도들까지도 예외 없이 그 필요성과 유효성을 엄정하게 평가받아야 한다.

과연 지금의 자격들이 시대적 변화 속에서 여전히 사회적 신뢰와 직무 적합성을 유지하고 있는가?
그 자격이 없으면 해당 직무를 수행할 수 없다는 판단이 과연 정당한 것인가?
이 질문에서 자유로운 자격은 거의 없다.

지금이라도 능력 개발 시스템의 주도권을 차근차근 산업계로 이양할 수 있다면, 우리가 직면한 수많은 제도적 왜곡은 근본적으로 줄어들 수 있을 것이다. 자격의 신뢰도는 높아지고, 교육의 질은 복원되며, 정부는 작고 유능한 역할로 돌아갈 수 있을 것이다. 불필요한 예산 낭비도 줄어들고, 행정의 중복도 줄어들 것이다.

자격은 폐지되어야 한다.
그 빈자리는 교육과 학습, 경험과 포트폴리오, 산업의 평가와 시장의 신뢰가 채워야 한다. 이제는 그 사회를 준비해야 할 때다.

국가자격은 다시 설계되어야 한다.
'있는 제도'가 아니라, '작동하는 제도'로.
'규제의 도구'가 아니라, '학습의 보증서'로.
그것이 진짜 자격이다.

직업능력 개발 정책, 이제는 틀을 바꿔야 할 때이다:

정부의 역할, 산업계의 책임, 그리고 학습자의 권리 사이에서

고용노동부는 직업능력 개발 정책의 주무 부처로서, 지난 수십 년간 훈련 체계를 설계하고 집행해 왔다. 국민내일배움카드, 컨소시엄 훈련, 사업주 훈련지원 등은 모두 이 체계 안에서 나온 사업들이다. 최근에는 '국민 평생 직업능력 개발'이라는 이름으로 그 외연을 확대하고 있다. 과연 이 변화는 틀을 근본적으로 바꾼 것인가, 아니면 용어만 바뀐 것인가?

지금의 직업능력 개발 정책은 구조적 한계에 도달했다. 그 한계를 넘어설 새로운 관점이 필요하다. 정부의 역할 재정립, 산업계의 주도성 확보, 대학과 훈련기관의 플랫폼화, 그리고 학습자의 권리

실현이라는 네 축을 기반으로 직업능력 개발 체계는 근본적으로 재설계되어야 한다.

고용노동부 훈련 사업: 공급 중심 시스템의 전형

현재 직업능력 개발 사업으로 정부가 운영 중인 사업으로는 다음과 같은 항목들이 있다. ① 국가기간·전략산업직종훈련, ② 산업구조변화대응 등 특화훈련, ③ 국가인적자원개발 컨소시엄, ④ 사업주 능력 개발 훈련지원, ⑤ 폴리텍 소규모 사업장 훈련. 이외에도 다른 사업들이 존재한다. 하지만 이들은 모두 정부가 직접 사업을 기획·선정하고 지원하는 구조이다.

각 사업은 대상자별로 세분화되어 있고, 공급 방식도 다양하지만, 공통된 한계는 분명하다. 정부가 '이 정도면 산업계 수요에 대응했다'라고 판단한 틀을 설정하고, 훈련기관은 이 안에서만 사업을 운영할 수 있다. 학습자는 제공된 옵션 중에서만 선택할 수 있다. 정부는 공급자의 권한은 최대화하면서, 운영 실패의 책임은 훈련기관과 학습자에게 전가하는 구조다. 성과가 나지 않는 이유는 훈련기관이 부실 운영을 한 것이고, 학습자가 취업보다는 여가에 집중해서 발생한 문제가 되는 것이다.

고용노동부는 최근 '국민 모두가 행복한 평생학습사회'를 비전으로 삼아 새로운 중장기 계획, 「제4차 직업능력 개발 기본계획 (2023~2027)」을 수립했다. 그러나 내용을 뜯어보면, 실제 목표는 산업인력 수급과 기업 생산성 제고에 집중되어 있다. 내용을 보면, 선언적으로는 '평생학습사회'를 말하지만, 실제로는 고용 중심, 단기성과 중심, 공급자 주도 구조를 유지하는 방식이다. 그 결과, 학습자의 권리와 자율성, 교육 품질, 시장 질서 등은 여전히 부차적인 논의로 밀려나 있다.

구조적 전환을 위한 아홉 가지 비판과 제언

① 정부 주도 시스템의 한계: 산업별, 기업별, 지역별로 수요가 제각기 다른데도, 정부는 이를 몇 가지 보편적 사업으로 포장해 공급하고 있다. 이로 인해 수요-공급 미스매치가 구조적으로 반복된다.

② 정부의 역할은 '직접 공급'이 아니라 '질서 설정': 정부는 직접 훈련을 설계·공급하기보다는 NCS, 자격제도, 질 관리 체계 등 훈련의 규범과 공정한 운영 조건을 만드는 역할이 중심이 되어야 한다.

③ 훈련기관 유지 중심 구조의 관성: 수많은 훈련기관이 교육성과보다 사업 유지를 목적으로 운영되고 있으며, 정부도 이를 암묵적으로 용인해 왔다. 한편으로는 정부의 규제를 강화시키고 있다. 영세한 훈련기관은 이를 수용하지 않을 수 없다.

이 구조를 깨지 않는 한 훈련 생태계의 질은 개선되기 쉽지 않다. 이들 기관의 장점을 살릴 수 있는 시스템이 필요하다.

④ 단기 훈련 시대의 종언: 며칠짜리 훈련으로 의미 있는 성과를 내는 시대는 지났다. 진짜 교육은 중장기적 계획과 누적된 학습경험에서 나온다. 단기 훈련은 산업계 내부에서 자체적으로 운영하고, 시장이 반응하도록 하며, 정부는 최소 6개월 이상 중장기 훈련에 집중해야 한다.

⑤ 대학은 이제 학습의 플랫폼 기관으로 전환 중: 지금의 훈련 시스템이 만들어진 여러 이유 중의 하나는 교육기관이 학령기 학생을 대상으로 한 정규 교육에 치중했기 때문이다. 그러나 지금은 변하고 있다. 과거 학령기 중심의 학위제도 운영에서 벗어나고 있다. 대학은 앞으로 FTE 기반 정원 운영, 유연학기제, 학점형 이수체계 등 성인학습자의 중추 기관으로 재편되어야 한다. 정부는 대학을 성인교육의 중추 기관으로 육성해야 한다.

⑥ 수직 계열 산업 구조를 고려한 대기업 책임 설정: 우리 산업은 독립된 중소기업이 아닌, 대기업 중심 수직 계열 구조가 크게 존재한다. 따라서 대기업은 협력 중소기업(흔히 1차 벤더, 2차 벤더로 부른다) 훈련을 책임지는 의무를 지고, 이에 대해 손비 처리와 세제 혜택을 받아야 한다.

⑦ 독립 중소기업은 산업별 협회가 지원: 정부가 모두 다 해줄 수는 없다. 독립 중소기업은 산업별 협회나 지역 기반 중간 조직이 훈련을 주도해야 하며, 정부는 인프라와 기준을 지원하는

역할에 그쳐야 한다.

⑧ 플랫폼 노동자와 프랜차이즈 자영업자의 훈련 책임은 기업에게: 플랫폼 제공자나 프랜차이즈 본사는 교육훈련에 대한 일정한 책임을 져야 하며, 국가도 이를 제도적으로 강제할 수 있는 법적 틀을 마련해야 한다.

⑨ 정부는 정보와 품질, 공정성의 수호자: 훈련 제도의 통합성과 공공성을 확보하기 위해 정부는 통합정보시스템, 학습계좌제, 질 관리 평가 체계를 운영하고, 시장 질서를 바로잡는 역할에 집중해야 한다.

능력 개발의 주도권을 산업계에 넘기자

고용노동부는 고용보험기금을 재원으로 직업훈련 정책을 하고 있지만, 이 기금은 본래 노사가 공동으로 조성한 보험 재정이다. 정부는 그 운영 주체가 아닌 집행 관리자일 뿐이다. 그런데도 현재는 훈련 대상, 내용, 예산 배분, 성과 평가까지 정부가 정책목표에 따라 전면 설계하고 통제하고 있다. 그러나 이 구조 안에는 산업계의 실질적인 역할이 없다. 훈련은 현장과 단절되어 있으며, 산업이 원하는 인재를 길러내지 못한다.

훈련이 '현장과 단절되었다'라는 비판은 반복된다. 이유는 분명하다. 정부가 산업과 기업의 역량 개발 수요를 추정하고 대신 설계하기 때문이다. 산업별로 필요한 직무, 직종, 경로는 각기 다른데, 이를 몇 개의 공통 사업으로 묶고 이 틀을 강요하는 순간부터 훈련은 현실과 괴리되기 시작한다.

해법은 단순하다. '훈련의 주도권을 산업으로 넘기는 것'.

- 산업별 협회 또는 업종별 중간 조직이 훈련을 설계하고 운영하도록 한다. 정부는 이들의 역량 개발 활동을 제도적으로 인정하고, 재정·정보·질 관리를 지원한다.
- 고용보험 훈련 계정의 일정 부분은 산업별 계정으로 분리하여 각 산업이 자율적으로 활용하게 한다. 훈련수요조사, NCS 개편, 자격 기준 설정도 '산업계 주도-정부 승인' 구조로 전환해야 한다.

학습자의 권리를 중심에 놓자

지금의 훈련 체계는 '고용 중심 구조'이다. 실업자는 취업 가능성으로, 재직자는 고용유지로, 기업은 생산성으로 환원된다. 그러나 진짜 핵심은, 성인이 학습을 통해 삶을 다시 설계할 수 있느냐의 문제다.

"이제는 훈련이 아니라 학습복지의 틀에서 제도를 설계해야 한다"

학습권은 공교육을 마친 이후에도 생애 전반에 걸쳐 누려야 할 시민적 권리다. 이는 고용 상태나 소득 수준과 무관하게 보장되어야 하며, 학습을 통해 경력 단절을 회복하거나, 새로운 직업을 탐색할 수 있어야 한다. 학습권은 단지 '기회를 허용하는 것'이 아니라, '기회를 실질적으로 행사할 수 있도록 시간과 돈, 제도를 보장하는 것'이다.

이를 위해 필요한 것은 개별 학습자 단위의 계좌 기반 제도, 즉 '평생학습계좌제'이다. 이 계좌는 생애 초기부터 생성되어, 개인의 학습기록, 역량, 자격을 축적하고, 필요할 때 국가 또는 산업으로부터 훈련비, 장려금, 대출 등의 다양한 형태로 자원이 투입될 수 있도록 설계되어야 한다.

정부의 역할, 이제는 F-R-I-P로 재정의할 때이다

- Facilitator(중재자·연결자): 훈련기관·기업·대학·산업협회 등을 연결하고 조정하여 생태계를 설계하고 활성화하는 것이다. 거버넌스를 새롭게 만드는 역할이다.
- Regulator(규범 설정자): 표준을 만들고, 훈련 질과 자격의 기준을 설정하며, 법과 제도를 통해 시장의 규칙을 확립한다. 예를 들면, NCS 개발 및 개편에 관한 규범, 직업훈련기관 인증의 틀, NCS 기반 자격제도 구체화 등이다.

- Investor(공공투자자): 공공재적 성격이 강한 영역에 재정을 투입하여 사회적 격차를 줄이는 역할을 해야 한다. 예를 들면, 학습 기금을 만든다든지, 장학금과 대부제를 운영하거나, 공공훈련기관을 만드는 일 등이다.
- Provider(공공서비스 공급자): 민간이 감당할 수 없는 분야를 직접 공공기관이 담당하는 것이다. 폴리텍대, 한국기술교육대 운영, 소외지역 이동훈련, 장애인·고령자 특화 과정 등이 그것이다. 교육부의 문해교육도 이 틀 내에서 운영될 수 있다.

이제 틀을 바꾸자

"직업능력 개발은 훈련의 문제가 아니다. 시스템과 권리의 문제이다"

더는 정부가 고용보험의 주인인 척해서는 안 된다.
더는 훈련기관의 존속을 위해 제도를 맞추는 구조에 머물러서는 안 된다.
더는 산업을 대신해 훈련을 설계해서도,
학습자를 '수료율'이나 '자격 취득률'로 평가해서도 안 된다.

이제는 학습권을 중심에 놓고, 산업이 주도하고, 대학이 설계하고, 정부는 틀을 마련하는 진짜 직업능력 개발 체계로 나아가야 할 때다. 그 시작은, 정부 스스로 자신의 역할을 다시 쓰는 것이다.

 훈련은 직업교육의 부분이고, 직업교육은 평생교육과 연계되어야 한다. 고용노동부와 교육부가 훈련과 교육을 나누어 관리하는 시대는 끝나야 한다. 노동시장에서 활동하고 있는 성인의 능력 개발은 이제 산업계가 주된 역할을 해야 하고, 국가는 질서를 설계하며, 공정함을 보장하고, 학습권을 지키는 수호자가 되어야 한다. 이는 몇 개의 훈련 사업을 보완하는 문제가 아니다. 제도의 틀 자체를 다시 써야 할 시점이다. 그 틀이 완성될 때, 우리는 직업교육·직업훈련·평생학습이 통합된 학습 국가로 나아갈 수 있다.

분절된 부처별 인력 양성 체계, 학습의 단절을 불러온다:

역량 개발의 총체적 통합과 학습자 중심 설계가 필요하다

대한민국의 인력 양성 정책은 노동부와 교육부만의 문제가 아니다. 문화체육관광부, 농림축산식품부, 해양수산부, 산업통상자원부, 중소벤처기업부 등 다수의 부처가 저마다 인적자원개발, 산업인력 양성, 직무교육, 보수교육 등의 이름으로 다양한 교육훈련 사업을 운영하고 있다. 그런데 이 사업들의 구조를 살펴보면, 놀라울 만큼 유사한 패턴을 반복하고 있고, 그로 인해 학습자와 교육기관이 구조적 혼란을 겪고 있다.

부처별 인력 양성 사업의 공통된 특징

① 부처별로 독자 운영 된다. 각 부처는 자율적으로 예산과 정책을 집행하며, 타 부처와 연계하지 않는다. 국가 차원의 통합 전략이나 연계 규범 없이, '우리 부처의 인력은 우리가 키운다'라는 식의 자기 완결적 정책을 추진한다.
② 개별 법적 근거를 기반으로 한다. 대다수 사업은 각 부처의 법령에 근거하여 추진된다. 제도적 정합성보다는 부처의 법령 권한이 우선시된다.
③ 학점은행제나 고용보험과 연계되지 않는다. 대부분의 교육은 정규 고등교육 제도(학점은행제 포함)나 고용노동부 직업능력 개발 사업과 별도로 운영된다. 결과적으로 이수자들은 교육을 받고도 공식 학습 이력이나 자격으로 인정받지 못한다.
④ 학습이 '누적'되지 않고 '사장'된다. 각 사업 내에서만 성과를 인정받으며, 다른 제도나 생애 이력과 연결되지 않는다. 학습자는 자격 인정은 물론 학습 증빙조차 어려운 경우가 많다.
⑤ 부처의 권한을 강화하는 수단으로 기능한다. 이는 산업정책, 진흥정책, 규제정책과 결합하고 있으며, 정책목표 달성 수단으로 '교육과 훈련'을 활용하는 구조이다. 학습자보다는 부처의 정책성과 달성을 위한 기제로 기능한다.
⑥ 대학과의 연계는 제한적이거나 단절되어 있다. 일부 사업은 대학과 협력하지만, 교육과정 연계보다는 사업 수탁기관으로 대학을 활용하는 형태다. 대학은 본래의 학문적·산업적 특성

과 무관하게 단순 교육 공급자로 전락한다.

대표 사례로 본 문제 구조

① **문화체육관광부 산하 게임인재원:** 전일제 2년 과정으로 실무형 게임개발자를 양성하지만, 학점은행제나 대학 제도와 전혀 연계되어 있지 않으며, 학습 결과는 비공식적 자격, 개인의 포트폴리오에만 반영된다.

② **농림축산식품부의 농업마이스터대학:** 전국 9개 대학에서 실무 중심 교육을 제공하지만, 농과대학, 농업계 고교, 농업기술센터 등과 체계적 연계가 없고, 고등교육이나 평생학습 체계와 제도적 연결이 존재하지 않는다.

이 구조가 불러오는 결과:
누적되지 않는 학습, 단절되는 이력

이처럼 부처별 인력 양성 체계는 자기 사업 내에서만 의미가 존재하며, 학습자에게는 다음과 같은 문제가 발생한다.

- 내가 배운 것이 어디에도 쌓이지 않는다.
- 어디에도 연결되지 않는다.

- 어디에도 인정받지 않는다.

학습이 '사장'되고, 교육기관은 단지 돈을 받는 수탁기관으로 전락하며, 학습자의 자기계발은 제도 밖에서 고립된다. 이런 구조는 오히려 대학이 산업계와 긴밀히 협력할 기회를 부처 산하기관들이 가로막고, 산관학 협력이 아니라 산·관 협력, 교육 배제의 구조를 만들고 있다.

통합과 연계, 그리고 학습자 중심으로의 전환

이 문제는 몇 가지 원칙으로 해결할 수 있다. 이미 방향은 정해져 있다.

① **제도 간 통합과 연계:** 모든 인력 양성 사업은 「고등교육법」, 「평생교육법」, 「국민평생직업능력개발법」 체계 안에서 일관된 틀로 묶여야 한다. 평생학습계좌제를 중심으로 학습경로가 일원화되어야 하며, 학습성과는 자격 인정, 학점 부여, 경력 반영 등으로 연결되어야 한다.
② **학습자 중심으로 설계:** 부처 중심에서 벗어나, 학습자가 자신의 경력과 목표에 따라 교육을 선택하고 이수 결과를 관리할 수 있도록 시스템을 전환해야 한다. 정보, 재정, 인증이 모두 개인화된 계좌 안에서 통합되어야 한다.

③ **학습의 사장을 방지:** 공공 재정이 투입된 모든 교육은 제도적으로 인증되거나 환류될 수 있어야 하며, 학습의 결과가 다른 교육, 경력, 자격과 이어질 수 있는 '이음 구조'가 필요하다.
④ **교육기관의 특성화와 연계:** 대학과 특성화고, 직업교육기관이 정부 부처별 단위 사업을 수탁하는 것이 아니라, 자체 특성과 지역 산업 수요에 맞춘 장기적 교육 모델을 중심으로 정부 사업이 조정되어야 한다.

정리하면

"정부는 언제나 공익을 말하지만, 실제로는 관료조직의 이익을 우선한다"

직업능력 개발 정책은 부처별 기능 경쟁이 아니라, 국민의 생애 학습권을 실현하는 통합 설계의 문제이다. 이제는 '부처의 인력 양성 사업'이라는 이름 아래 각자의 교육을 파편적으로 운영하는 시대는 끝나야 한다.

학습은 개인이 혼자 책임져야 할 일이 아니다. 국가는 그 학습이 제도적으로 보장되고, 축적되며, 연결되도록 지원할 책무를 가진다. 그 중심에는 학습자가 있어야 하며, 학습자가 배운 모든 것, 노력한 모든 시간, 쌓아온 모든 경로가 이어지는 구조를 만드는 것이 우리가 지향해야 할 학습 국가의 모습이다.

그리고 이 지점에서 교육부의 역할은 결정적이다. 교육부는 「인적자원개발 기본법」의 주관 부처이며, 정부조직법상에도 인적자원개발은 교육부의 사무로 명시되어 있다. 또한 「평생교육법」 역시 교육부 소관이다. 이 법에서 정의하는 평생교육은 "학교의 정규교육과정을 제외한 학력보완교육, 문자해득교육, 직업능력 향상교육, 진로개발역량 향상교육, 인문교양교육, 문화예술교육, 시민참여교육 등 모든 형태의 조직적인 교육활동"을 포함한다. 즉, Non-formal Education 전반을 아우르는 영역이다. 그러나 지금 교육부는 인적자원개발이든, 평생교육이든, 다른 부처에서 이루어지는 수많은 교육활동에 대해 사실상 아무런 조정도, 제도적 통합 노력도 하지 않고 있다. 이미 손을 놓아야 했던 대학에 미련을 버리지 못하고 있다.

그 이유는 무엇인가?

무지해서인가?
무감해서인가?
아니면 다른 일에 너무 지쳐 있기 때문인가?

교육부가 모든 걸 다 하라는 이야기가 아니다. 그러나 분명한 것은, 학습자 중심의 세상을 만들어 가는 데 있어 교육부는 주도적 책임을 져야 한다는 점이다. 부처 간 칸막이를 넘어서 교육의 전체 구조를 조망하고 연결하며 조율하는 역할, 그것이 바로 교육부의 존재 이유이기 때문이다.

지금은 훈련 사업 몇 개를 조정하거나, 부처 간 협조를 당부할 시기가 아니다. 이제는 제도의 틀 자체를 다시 짜야 할 시점이다. 그 틀 안에서만이 직업교육, 직업훈련, 평생학습은 하나로 통합될 수 있고, 학습자는 비로소 온전한 학습권의 주체로 설 수 있다. 바로 교육부가 그 전환의 책임을 져야 한다.

고용보험제도는
누구의 것인가?

　고용보험제도는 본래 노동시장에서 발생하는 위험을 분산하고, 실업의 충격을 완화하며, 재취업과 직업능력 개발을 지원하기 위한 사회보험제도로 설계되었다. 제도적으로는 세 가지 급여가 핵심이다. 하나는 일반 국민이 가장 잘 알고 있는 실업급여, 다른 둘은 고용안정급여와 직업능력 개발급여이다. 하지만 세 가지가 같은 방식으로 운영되지 않는다. 보험료 징수는 실업급여, 고용안정, 직업능력 개발의 세 영역으로 나뉘어 있지만, 실질적으로 운영 방식과 재원 구조는 완전히 다른 성격을 띤다.

고용보험의 비(非)사회보험 영역

실업급여를 제외한 나머지 두 영역은 사회보험이라 보기 어렵다. 고용안정사업과 직업능력 개발 사업은 성격상 사회보험이라기보다는 준조세에 가깝다. 이 두 영역의 보험료는 전적으로 사업주가 부담하며, 정부도 근로자도 기여하지 않는다.[52] 그런데도 이 재원은 마치 국가의 재정인 것처럼, 정부가 독점적으로 집행 권한을 행사하고 있다. 사업주 처지에서는 명목상 보험이지만 실질적으로는 조세처럼 강제 징수 되는 부담금(Levy)인 셈이다.

여기서 더 근본적인 문제는, 이 기금 집행 주체가 고용노동부라는 점이다. 고용노동부는 이 돈을 마치 자기 예산처럼 사용하면서, 이 돈을 통해 자신의 관료적 영향력을 확대하고 있다. 사업주가 낸 돈이 정작 사업주에게 직접 환류되지 않고, 관료적 설계하에 배분되며, 실제 수혜의 사각지대는 매우 넓다. 중소기업에 대한 직접적 지원이 강화되는 것도 아니고, 대기업은 실질적으로 납부만 할 뿐 훈련 재투자에는 소극적인 구조가 유지되고 있다.

---

52) 실업급여의 보험료율은 1.8%이다(사업주 0.90, 근로자 0.90). 그러나 고용안정급여는 사업주가 150인 미만 기업은 0.25, 150인 이상 우선지원대상기업은 0.45를 부담한다. 직업능력 개발급여는 150인 이상, 1,000인 미만 기업은 0.65, 그 이상은 0.85를 사업주가 각각 부담한다.

고용노동부의 영향력 확대와 교육정책과의 중복

고용노동부는 이 기금을 통해 직업교육은 물론 고등교육과 평생교육 영역까지 영향력을 확대하고 있다. 대표적인 사례가 내일배움카드제이다. 처음에는 실업자나 저소득층을 중심으로 제한적으로 운영되던 제도가, '수요자의 선택권 보장'이라는 명분 아래 모든 성인을 포괄하는 방식으로 전환되었다. 이제는 제외되는 사람이 예외가 될 정도로 보편화되었으며, 사실상 전 국민 학습비 예산처럼 변해버렸다.

하지만 문제는 여기에 있다. 이렇게 보편화된 재원 배분은 진짜 도움이 필요한 사람에게 자원이 도달하지 않는 역설적인 구조를 만든다. 고용보험의 설계 목적이자 사회정책의 기본 원리인 선별적 필요 충족(Prioritized Need-based Approach)에서 이탈한 것이다. 더욱이 계좌제, 직무능력은행제 등은 교육부의 정책과 구조적으로 거의 같지만, 교육부는 일반회계에 의존해야 해서 예산확보가 어렵지만, 고용노동부는 고용보험기금을 활용해 비교적 자유롭게 사업을 설계하고 실행하고 있다.

제도 정상화를 위한 원칙적 해법

이러한 왜곡된 구조를 바로잡기 위해서는 제도의 설계 주체와 집행 권한을 재구조화하는 개혁이 필요하다. 해법은 명확하다.

① 돈의 주인에게 권한을 돌려줘야 한다. 즉, 산업계가 고용보험 재원을 직접 집행할 수 있어야 하며, 국가가 이 재원을 마치 조세처럼 자유롭게 활용하는 구조는 시정되어야 한다.
② 산업별 특성과 수요를 반영하여 산업별로 구분해 재원을 운영하고, 각 산업이 직업훈련 체계를 자율적으로 설계하도록 해야 한다.
③ 대기업이 계열 중소기업의 훈련을 지원할 수 있도록 유도해야 하며, 이를 통해 중소기업의 훈련 접근성과 질을 높이는 구조를 설계해야 한다.
④ 만약 정부가 이 재원을 일부 활용하고자 한다면, 별도의 국고 재정을 편성하여 독립된 기금을 조성해야 하며, 고용보험기금을 마치 정부 예산처럼 쓰는 구조는 중단되어야 한다.

제도 정상화는 구조 전환의 기회가 되어야 한다

이러한 개편은 단지 제도의 정상화를 넘어서, 직무 중심의 사회구조로 이행하는 데도 결정적인 전환점이 될 수 있다. 우리 사회가 직무 중심 사회로 나아가야 한다는 담론은 오래전부터 제기되어 왔고, 노동조합이 전통적인 급여 중심의 근로조건 투쟁에서 벗어나 직무능력 개발과 자격 정비에 이바지하는 방향으로 변화해야 한다는 주장도 꾸준히 있어왔다. 그러나 현실에서는 이를 실현할 제도적 기반이 부재했다. 그 원인 중 하나가 바로 지금의 고용보험 제도 구조이다.

예컨대, 현재 NCS(국가직무능력표준)는 산업계의 적극적인 참여 없이 개발되어 현장성과 정합성에 한계가 있다. 만약 산업계가 고용보험기금을 이용하여 NCS를 개발하고, 이를 기반으로 인력 양성과 인사관리까지 체계화하는 구조를 만든다면, 산업계는 자연스럽게 NCS의 질과 적합성에 책임감을 느끼게 될 것이다. 자격제도 정비, 직무기술서 개발, 역량 기반 인사 시스템 등과의 연계도 지금보다는 자연스럽게 추진될 수 있을 것이다.

나아가 노동조합 또한 이러한 변화에 참여할 유인과 명분을 가질 수 있다. 고용안정이라는 목표가 단지 고용유지에 머무르지 않고, 구성원의 직무능력과 생애 경력 개발로 확장되는 방향으로 전환된다면, 노조 역시 능력 개발과 직무 기반 인사체계의 재설계에 공동의 책임과 기여를 모색할 가능성이 지금보다는 커진다.

고용보험제도는 다시 그 주인을 찾아야 한다

지금의 고용보험제도는 형식은 보험이지만, 실질은 부담금이고, 운영은 행정조직의 이익 구조에 편입된 기형적 체계이다. 보험료를 내는 주체는 산업계이지만, 제도를 설계하고 운영하며 정책 영역을 확장해 온 주체는 고용노동부 관료조직이다. 교육부 정책과의 중복, 수요자 중심이라는 허울 속 보편화, 선별지원 기능의 붕괴는 모두 이 기형적 구조에서 비롯된 것이다.

고용보험제도의 정상화는 한 부처의 권한 조정을 넘어, 우리가 직업교육과 평생학습을 어떤 구조로 설계할 것인지에 관한 질문으로 이어지게 된다. 준조세가 아닌 진짜 보험으로, 행정의 도구가 아닌 산업의 역량으로, 각자도생이 아닌 구조적 연계로. 고용보험제도는 그 주인을 찾아야 한다.

전 국민 학습 바우처(Voucher)로 변질된 국민내일배움카드:

포장만 바뀐 고용보험 기반 훈련 제도의 한계

국민내일배움카드란 무엇인가?

국민내일배움카드는 고용노동부가 주관하는 직업능력 개발 지원제도로, 국민 누구나 생애 전 주기에 걸쳐 직업능력을 개발할 수 있도록 훈련비 등을 지원하는 일종의 직업훈련 바우처 제도이다. 본 제도는 급속한 기술 변화와 노동시장 구조 전환에 대응하여 개인의 역량 개발을 통한 고용안정 도모라는 취지를 담고 있으며, 그 근거는 「국민 평생 직업능력 개발법」과 「국민내일배움카드 운영규정」(고용노동부 고시 제2024-98호)이다.

① 지원 대상: 원칙적으로 대한민국 국민이면 누구나 가능하나, 일정 소득 이상 고소득 자영업자, 대기업 고임금 근로자, 공무원, 일부 대학 재학생 등은 제외된다.
② 계좌 발급 및 유효기간: 훈련지원을 받기 위해 금융기관과 연계된 계좌를 발급받아야 하며, 계좌의 유효기간은 원칙적으로 5년이다.
③ 지원 한도: 기본 한도는 300만 원이며, 국민취업지원제도 참여 여부, 소득 수준, 디지털 특화훈련 참여 등에 따라 최대 500만 원까지 지원된다.
④ 훈련과정: 정부로부터 적합하다고 인정받은 훈련과정에 한정되며, HRD-Net과 고용24를 통해 조회가 가능하다. 특히 '디지털 훈련'과 'K-디지털 트레이닝' 등 디지털 중심 특화과정이 점차 확대되고 있다. 이외에도 외국어 훈련과정, 돌봄 서비스 훈련 등도 가능하다.
⑤ 훈련비 지원: 훈련비는 계좌의 잔액 범위에서 정부가 정한 지원율(45~100%)에 따라 차등 지원 되며, 상당수 과정에서 훈련생이 일정 금액을 자비로 부담해야 한다.

제도의 구조적 한계

이 제도는 수요자의 선택권을 확대하고 학습 기회를 넓힌 것처럼 보이지만, 본질적으로는 과거 고용보험 기반 직업훈련 제도의 외형만 바꾼 것에 불과하다. 다음과 같은 구조적 문제들이 존재한다.

① **사업주가 낸 돈이 전 국민에게 지원되는 구조:** 내일배움카드의 재원은 전적으로 사업주가 낸 고용보험(직업능력 개발 사업 계정)에서 충당된다. 이 기금은 본래 기업의 생산성 향상과 노동력 개발을 위해 조성된 것이지만, 현재는 노동시장 밖의 광범위한 대상까지 지원 대상이 확장되어 사실상 전 국민에게 바우처를 배분하는 구조로 바뀌었다.

② **정부의 과도한 사전 규제와 행정통제:** 훈련과정은 고용노동부 또는 위탁 심사기관의 심사를 통과해야만 등록 가능하며, 인정 유효기간은 1년 단위로 제한된다. 훈련기관은 수시로 출결 관리, 성과 입력, 만족도 조사, 취업 보고 등 과도한 행정 절차를 따라야 하며, 이는 시장 친화적 자율성을 크게 저해한다.

③ **산업 수요와의 연계성 부족:** 훈련과정은 표면적으로 NCS 기반이나, 실제로는 정부가 주도한 형식적인 문서 기반 체계에 불과하며, 기업의 인력 수요와는 괴리가 크다. 실무성이 강한 훈련보다는 인증에 초점이 맞춰져 있고, 실제 고용으로 연결되는 사례는 제한적이다.

④ **훈련기관의 구조적 종속성:** 훈련기관의 다수는 영세 민간기관이나 기술학원으로, 내일배움카드 지원금 없이는 존립이 어려운 구조다. 이로 인해 이들은 고용노동부의 심사 기준과 통제에 절대적으로 의존하게 되고, 자율적인 훈련혁신이나 질 제고 노력보다는 정부 승인 유지에 집중하는 기형적 생태계

가 형성되고 있다.

⑤ **훈련성과의 불확실성과 왜곡된 성과지표:** 수료 기준은 출석률과 시험점수 중심이며, 실질적인 역량 향상이나 고용성과 측정은 매우 어렵다. 따라서 훈련기관은 성과지표를 맞추기 위해 '묻지 마 취업' 알선이나 서류상의 취업 처리 등 성과 조작 유인이 강하게 작동할 수 있다.

⑥ **본질적 혁신 없는 제도 전환:** 과거 집합 훈련 중심 직업훈련 제도를 개인 중심 바우처 구조로 포장했을 뿐, 훈련과정 설계 권한, 평가 방식, 공급자 구조, 자격 연계 체계 등 핵심 구조는 크게 변화하지 않았다.

제도 개편의 방향과 대안

국민내일배움카드는 '선택과 자율'을 표방하나, 실상은 정부 통제형 직업훈련 시스템의 연장이며, 산업계·수요자·교육계와의 협의를 통한 구조적 재설계가 없는 한 지속 가능한 성과는 담보하기 어렵다. 다음과 같은 방향으로의 전환이 필요하다.

① **산업계 주도 훈련과정 설계 체계로 전환:** 훈련과정은 정부가 일방적으로 사전 승인 할 것이 아니라, 산업계가 설계 주체가 되어야 하며, 이를 통해 실제 직무와 연계된 자격 과정이 개발되어야 한다. 자격은 학점과 연계되어야 하며, 교육기관과 직

업훈련기관이 이를 통합적으로 운영하는 자격-학점-훈련-직무 연결 체계로 전환해야 한다.

② **정규 교육기관 중심 플랫폼화:** 직업교육 대학, 산업대학, 평생교육 중시 대학 등을 중심으로 공신력 있는 플랫폼 기관 체계를 형성해야 한다. 민간기관은 참여할 수 있되, 정규 교육 체계와 연결된 품질관리 시스템하에 참여하도록 구조를 개편해야 한다. 프로그램 질 경쟁력을 바탕으로 훈련기관도 교육기관과 대등하게 활동할 수 있어야 한다.

③ **수요자 유형별 맞춤형 제도 분화:** 모든 국민에게 같은 바우처 계좌를 제공하는 방식은 비효율적이다. 실업자와 청년은 고용정책 목적 기금(예: 청년고용기금)으로, 단순 학습자나 중장년층은 복지적 학습비 지원제도로 분리 운영 해야 한다. 청년 대책은 교육부의 대학정책·직업교육정책, 복지적 학습비 지원은 교육부의 문해교육·평생교육정책, 보건복지부의 노인교육정책 등과 통합적 시스템으로 연계할 필요가 있다.

④ **사업주 부담의 환류 구조 구축:** 고용보험 기반 준조세는 사업주가 훈련기획과 실행의 주체가 되어야 비로소 효과성이 발생한다. 이를 위해 훈련성과 기반 인센티브 제공 체계를 강화하고, 고용노동부가 교육부와 함께 일반회계, 복권기금 등으로 별도 인력개발기금 또는 평생학습기금을 조성하여 비(非)시장 영역에 재정을 투입하는 구조가 필요하다.

⑤ **학자금 대부 및 장학금 통합 플랫폼 도입:** 현행 직업훈련비, 학자금 대출, 장학금 등은 제도별로 분절적으로 운영되고 있다.

이를 통합해 '대부형-무상형-성과환수형' 지원조합 체계를 구축함으로써, 학습 투자에 따른 자기 책임성과 사회적 환수를 아우르는 지속 가능한 지원 구조를 형성해야 한다.

정리하면

국민내일배움카드제는 이름은 바뀌었지만, 본질은 과거 직업훈련 시스템의 반복에 불과하다. 선택권을 명분으로 내세우지만 실제로는 정부의 승인과 통제 속에서 학습자와 훈련기관이 움직이는 제한적 시스템이다.

이 제도가 진정한 혁신으로 나아가기 위해서는 학습자 중심 플랫폼, 산업계 주도 자격-훈련 설계, 공공성 있는 교육기관 중심 운영, 수요자 맞춤형 재정투입체계, 교육부와의 제도 통합 등 전면적 재구조화가 필요하다.

그렇지 않다면 이 제도는 '전 국민 훈련 바우처'라는 이름의 정책 포퓰리즘에 그칠 것이며, 정작 훈련이 절실한 중소기업 근로자와 실직자에게 실질적인 도움은 제공하지 못한 채, 기금의 낭비와 왜곡된 성과지표 논란만 반복될 것이다.

노인교육,
삶의 마침표가 아닌 또 하나의 출발점:

복지 프레임을 넘어, 제3의 교육 기회를 향해

노인교육의 현황:
복지의 부속물로 존재하는 '교육 아닌 교육'

우리나라에서 '노인교육'이라는 말은 여전히 낯설다. 공식적으로는 노인복지관의 강좌, 경로당 프로그램, 노인 일자리 사업 등이 이에 해당한다고 여겨진다. 하지만 이런 활동은 대부분 '교육'이 아닌 '복지 서비스'의 일부로 취급된다.

정부 조직상으로도, 노인교육은 교육부의 영역이 아닌 보건복지부의 소관이다. 노인 관련 정책이 1987년부터 교육부로부터 보건

사회부로 이관되면서, 노인교육은 본질적으로 복지 서비스의 부속품으로 기능해 왔다.

교육 기회의 평등이라는 원칙은 노년기에 이르면 실질적으로 사라진다. 아동과 청소년에게는 정규 교육과정이 있고, 성인에게는 직업훈련이라는 제도가 존재하지만, 노인은 국가가 설계한 교육의 영역 밖에 존재한다. 그렇게 우리 사회는 '교육'의 사각지대를 노인에게 허용하고 있다.

노인교육의 문제점: '교육'이 없는 노인교육

① **복지 프레임에 갇힌 노인교육:** 현재의 노인교육은 여가 선용, 건강 유지, 소일거리 일자리 정도로 한정되어 있다. 경로당에서 이뤄지는 스트레칭, 스마트폰 사용법 강좌, 노인 일자리 사전 교육이 그 전부다. 그러나 이 모든 것은 '학습'이라기보다 일시적 활동이나 서비스 제공에 가깝다. 교육기본법 제2조가 말하는 인간 완성과 자율적 시민 양성이라는 교육의 철학과는 거리가 멀다.

② **철학 없는 조각난 프로그램:** 노년기야말로 인간의 전인적 완성기가 되어야 함에도, 현재 노인교육은 건강, 기술, 여가 등으로 산발적 주제 중심 프로그램만 존재한다. '체육(건강)', '덕육(관계와 삶의 의미)', '지육(지혜와 기술)'이 순환되며 통합된 교육

모델은 전무하다. 교육이 아닌 행정적 보조 활동으로 축소된 것이다.

③ **형식적 교육 체계 부재:** 아동기에는 학교, 성인기에는 직장이라는 교육 주체가 존재한다. 하지만 노년기에는 어떤 제도적 장치도 없다.「평생교육법」에도 노인교육은 부차적 언급만 존재하고, 교육부·복지부·고용노동부 간 협력 체계는 실질적으로 작동하지 않는다. 그 결과, 노인의 삶은 학습의 종착점으로 여겨지며, 노인 스스로는 자기 성장을 위한 주체가 아니라 수동적 수혜자로 인식된다.

④ **교육권의 실질적 부정:**「교육기본법」은 "모든 국민은 교육을 받을 권리가 있다"라고 선언하지만, 이는 노인에게는 적용되지 않는 듯하다. 노인의 교육권은 정책적으로 보장되지 않고 있으며, 이를 위해 예산도, 법과 제도도, 전달체계도 부재하다. 노인교육은 선언이 아니라 헌법적 권리로 다뤄져야 할 사안이다.

새로운 방향: 제3의 교육, 노년기 전인교육으로의 전환

이제는 관점을 바꿔야 한다. 노인교육은 단순한 여가 프로그램이나 정보전달이 아니라, '제3의 교육 기회(Third Chance Education)'로 접근해야 한다. 이는 아동기(First Chance), 성인기(Second Chance) 이후, 인생의 마지막 단계에서 이루어지는 삶의 재구성 과정이다.

1) 노년기의 삶, 세 가지 층위에서 재설계되어야 한다

노인교육은 개인·가정·사회라는 삶의 세 층위를 고려해 교육 내용과 목표를 정해야 한다.

- 개인의 삶: 건강 유지, 자아 성찰, 내적 평안, 정신적 성숙 → 전인교육(體德智)의 회복이 핵심
- 가정 내 삶: 부부관계, 가족 간 역할 이해, 정서적 상호작용 → 관계 중심 교육, 역할과 책임에 대한 학습
- 사회적 삶: 직업인으로서의 연장, 봉사자로 사는 삶, 시민적 참여 → 능동적 시민교육, 기술 문해력, 커뮤니티 활동 역량 개발

이러한 구조 속에서 노인교육은 단순한 '무엇을 배울까'를 넘어서 '어떻게 살 것인가'를 배우는 교육이 되어야 한다.

2) 지식이 아니라 지혜(Wisdom)가 중심이 되어야 한다

노인교육은 정보화 교육이 아니라 지혜화 교육이어야 한다. 건강에 대한 자율적 관리, 삶의 의미에 대한 성찰, 타인과의 화해, 공동체와의 연결감은 지식의 문제가 아니라 지혜의 문제다. 그렇기에 노인교육은 인생을 정리하고, 가치를 되새기며, 품격 있는 삶을 영위하는 데 집중해야 한다. '정보를 전달받는 교육'에서 '인생을 재

구성하는 교육'으로 나아가야 한다.

3) 노인교육 체계의 전면적 재구성이 필요하다

노인교육을 위한 교육 체계는 다음과 같은 방향으로 재설계되어야 한다.

- 법적 근거 마련: 「평생교육법」과 「교육기본법」에 '노인교육 조항'을 명시
- 공공적 기반 확대: 노인교육 전담센터 설치, 광역·기초자치단체의 적극 참여
- 전문성 기반 인력 확보: 노인교육 전문 교사, 인문·건강·기술 통합 교육자 양성
- 내용 통합과정 개발: 체덕지(體德智) 통합 커리큘럼, 개인-가정-사회 연계형 교육과정

4) 학습권의 주체로서 노인을 인정해야 한다

노인은 '배움의 수요자'가 아니라, 학습권의 주체다. 복지의 수혜자가 아니라, 스스로 배움과 삶을 구성하는 주체로 전환되어야 한다. 이런 인식의 전환이 있어야만 교육이 '복지의 도구'가 아닌, 삶의 본질을 완성하는 과정이 될 수 있다.

노년기 교육은 '존엄의 교육'이다

우리는 아동의 출발선 평등을 위해 엄청난 사회적 노력을 기울인다. 성인에게는 재교육과 실업자 지원체계를 갖춘다. 그런데 왜 노인에게는 아무런 교육 체계도 설계하지 않는가?

노인교육은 선택이 아니라 권리이다. 그리고 이 권리는 존엄한 인간으로 살아가기 위한 최소한의 기반이다. 노년이 '생의 마침표'가 아닌, 삶의 진정한 완성기로서 기능하려면, 교육은 그 핵심 동력이 되어야 한다.

노인교육은 단순한 서비스가 아니다. 그것은 삶의 아름다운 마무리를 위한, 사람됨의 교육이자, 존엄의 교육이다.

성인의 진로교육과 지도, 직업안정이 핵심인가?

성인의 진로를 논하면, 많은 이들은 "그건 고용노동부가 하는 취업 알선이나 재취업훈련 같은 거 아니냐?"라고 말한다. 실제로 「직업안정법」은 성인에 대한 직업지도를 '직업정보 제공', '적성검사', '상담', '실습' 등으로 규정하고 있으며, 그 목적은 명확히 "취업하려는 사람이 그 능력과 소질에 알맞은 직업을 쉽게 선택할 수 있도록 하기 위한 것"이라고 규정하고 있다. 여기에는 Career에 대한 어떤 삶의 맥락도, 생애 설계의 철학도, 정체성에 대한 고민도 존재하지 않는다.

하지만 성인의 진로는 청소년기의 진로보다 훨씬 더 복잡하고,

더 섬세하며, 더 절박한 문제이다. 재직자, 경력 단절자, 은퇴자, 전직 희망자, 비정규직 노동자 등은 각기 다른 삶의 지점에서 서로 다른 진로 지원이 필요하다. 어떤 이는 새로운 기술을 배워야 하고, 어떤 이는 경력을 전환해야 하며, 어떤 이는 자기 효능감(Efficacy)부터 회복해야 한다. 진로는 단지 직업의 문제가 아니라, 삶의 균형과 재설계, 사회적 자존감 회복의 문제이기도 하다.

그러나 현재 우리나라의 법 제도는 이러한 복잡성과 다양성을 거의 고려하지 못하고 있다. 「진로교육법」은 진로교육의 대상을 학생으로 한정하고 있으며, 대학생에 대해서는 단 한 조항(제14조)에서 대학의 장이 진로교육을 "실시할 수 있다"라고만 규정하고 있을 뿐이다. 이는 대학생에 대한 진로교육과 지도를 대학의 자율적 선택 사항으로 밀어놓고, 국가의 책임을 명확히 부정하는 태도라 할 수 있다.

성인의 진로교육은 2023년에야 「평생교육법」 제40조의3에 의해 명시되었지만, 이 또한 "진로교육을 실시할 수 있다"라는 선언적 조항에 그치며, 구체적인 내용이나 국가의 책임 체계는 부재하다. 더욱이 진로를 '평생교육기관이 제공할 수 있는 서비스'로 제한함으로써, 진로를 평생학습의 부속 영역으로 축소하고 있는 한계를 드러낸다. 이는 「진로교육법」이 진로를 '직업'에 종속시킨 것과 마찬가지로, 「평생교육법」은 진로를 '학습'에만 종속시키는 오류를 범하고 있는 셈이다.

이처럼 진로교육에 대한 국가 법체계는 대학생, 성인, 재직자, 전직 희망자 등 서로 다른 생애 단계의 학습자와 근로자를 유기적으로 연결하지 못하고 있으며, 제도는 분절되고, 철학은 비어 있으며, 실질적 권리는 보장되지 않는다. 학업 설계, 평생학습 설계, 전직 설계, 은퇴 후 삶의 재구성 등 진로 설계가 실질적으로 필요한 영역에서는 오히려 법적 근거가 부재하거나 흐릿하다. 결국, 지금의 진로교육 관련 법체계는 교육부의 무관심, 「평생교육법」의 선언성, 고용노동부의 취업 중심 사고가 결합한 구조적 무책임의 산물이다. 교육부는 진로교육을 학교 정책의 부속 항목 정도로만 다루고 있고, 「평생교육법」은 성인의 진로를 명확히 규정하지 않으며, 고용노동부는 여전히 직업지도를 '취업 알선'으로 보고 있다.

가장 결정적인 문제는, 진로라는 것이 단순한 직업 선택이나 재취업이 아니라 자신의 삶을 주체적으로 설계할 수 있도록 지원하는 통합적 체계라는 점이다. 진로는 선택의 역량, 전환의 역량, 회복의 역량을 포함해야 하며, 이는 단지 정보 제공이나 상담이 아닌 공공적 권리로서의 진로권(Career Right) 보장과 맞닿아야 한다.

그럼에도 교육부의 「진로교육법」은 실체적 내용을 가지지 못하고 있으며, 고용부의 「직업안정법」은 사람을 '정책 대상자'로만 위치시킨 채 삶의 주체로서의 사람을 지원하지 못하고 있다. 진로교육의 본질이 삶의 설계라면, 지금의 법적 체계는 진로의 본질과 전혀 어긋나 있다.

보론 8.
진로교육의 패러다임 전환, 그 방향과 내용

진로교육은 언제나 '아이의 미래를 위한 교육'이라는 이름으로 시작되지만, 그 끝은 결국 '사람이 어떻게 살아야 하는가'라는 물음에 도달하게 된다. 이 책의 시작이 진로에서 시작했고, 결론 또한 진로로 닫히게 되는 이유도 바로 여기에 있다.

진로는 단지 '무슨 직업을 가질 것인가'를 묻는 것이 아니라, '나는 어떤 삶을 살고 싶은가, 그리고 그 삶을 어떻게 설계할 것인가'를 묻는 교육의 본질이다. 그런데도 우리 사회의 진로교육은 그 본질로부터 멀어져 왔다.

현행 진로교육은 학교 안에서만, 그것도 학생만을 대상으로, 직업 세계와의 연결만을 중심으로 설계되어 있다. 「진로교육법」은 진로를 직업에 수렴시키고 있고, 「평생교육법」은 진로를 학습에 종속시키고 있으며, 「직업안정법」은 진로를 단지 취업 지원의 대상으로 다룬다. 진로교육이 생애 전체를 관통하는 교육의 핵심이어야 함에도, 진로에 대한 정의는 협소하고, 제도는 분절되어 있으며, 실천은 불균형하다. 이제 우리는 진로교육의 철학을, 구조를, 실천 방식을 모두 전환해야 한다. 그 패러다임 전환의 방향은 다음 네 가지로 정리할 수 있다.

1) '학생기 진로'에서 '생애 전환기 진로'로: 진로교육의 생애화

진로는 한 번의 선택이 아니라, 반복되는 선택과 전환의 과정이다. 직업 하나로 평생을 살아가던 시대는 지나갔고, 재직 중 전환, 은퇴 후 재진입, 경력 단절 후 복귀, 직업·직무·역할의 다중성이 일상이 된 지금, 진로는 생애 전체의 흐름 속에서 다뤄져야 한다.

진로교육은 학생만의 것이 아니다. 대학생, 성인학습자, 재직자, 은퇴자, 전환자 모두에게 필요하다. 「진로교육법」은 이제 '학생 진로교육법'이 아니라, 「생애 진로지원법」(가칭)으로 확장되어야 하며, 「고등교육법」, 「평생교육법」, 고용정책과의 연계 속에서 재구조화되어야 한다.

2) 체험·정보 중심에서 '설계 능력 중심'으로: 진로교육의 역량화

지금까지의 진로교육은 체험, 정보, 직업인 인터뷰, 박람회 중심의 활동형 교육에 머물러 있었다. 그러나 진로교육의 핵심은 삶을 설계할 수 있는 힘을 기르는 것, 즉 Career Management Skills(CMS)을 기르는 데 있다.

- 자아 이해와 자기 신뢰
- 기회 탐색과 정보 분석
- 의사결정과 선택 기술
- 전환기 대응력과 회복 탄력성
- 삶과 일의 균형 설계

이러한 능력은 단순히 수업 몇 차시로 얻어지지 않는다. 진학지도, 학업 설계 지도, 취업지도, 경력 개발, 이행관리 모두가 진로교육의 범위 안에 들어와야 하며, 이를 위해 학교 교육과 고등교육, 평생교육, 고용지원체계가 통합적으로 작동해야 한다.

3) 정보전달에서 공공권리로: 진로교육의 복지화

진로교육은 선택지를 제공하는 정책이 아니라, 국가가 보장해야 할 교육적 권리이자 사회복지의 한 축이다. 사람은 누구나 '자신의 삶을 스스로 설계할 권리'를 가져야 하고, 국가는 이 설계를 위한 자원, 정보, 기회, 제도를 공정하게 제공할 의무가 있다.

그러나 현재 우리 제도는 진로교육을 공공권리가 아닌, 자율 선택적 서비스로 다루고 있다. 대학 진로지도는 대학의 자율로 떠넘기고, 성인 진로교육은 평생교육기관의 재량으로만 다루며, 고용정책은 직업 소개 중심의 기술 행정으로만 접근하고 있다.

이러한 정책 태도는 진로를 '각자도생'으로 내모는 결정적 원인이 된다.

진로권(Career Right)은 학습권, 노동권, 생애권의 통합적 실현 지점이며, 이를 공공이 보장하지 않는다면, 사회 전체는 불안정한 선택과 불공정한 결과의 악순환에 빠질 수밖에 없다.

4) 분절된 제도를 넘어서 '진로 통합체계'로: 진로교육의 시스템화

지금의 진로 관련 제도는 다음과 같이 분절되어 있다.

- 학생 → 「진로교육법」
- 대학생 → 대학 자율
- 성인학습자 → 「평생교육법」
- 구직자 → 「직업안정법」
- 재직자 → 고용노동부 훈련 정책

이 체계는 각각의 정책이 따로 움직이며, 학습과 노동, 직업과 삶, 교육과 복지를 연결하지 못하게 만든다. 진로가 '설계'의 문제라면, 우리는 이 설계를 위한 통합된 공공 시스템을 구축해야 한다.

이를 위해서는 진로 정책을 총괄할 국가 차원의 진로 정책 기본 계획과 진로권 보장, 그리고 진로교육과 지도에 대한 국가의 책임 명시가 필수적이다.

정리하면

진로교육은 다시 시작되어야 한다. 지금의 진로교육은 정보 제공, 직업 선택, 행정 서비스로 축소되어 있지만, 우리가 가야 할 진로교육은 삶을 설계하는 힘을 기르는 교육이며, 국가가 함께 책임져야 할 생애 복지의 한 축이다. 진로는 각자도생의 문제가 아니라, 함께 설계하고 함께 보장해야 할 사회적 기반이다. 그리고 진로교육은 바로 그 기반을 만드는, 미래를 위한 교육의 가장 근본적인 이름이다. 진로지도도 그 바탕 위에서 진행되어야 의미가 생긴다.

EPILOGUE

교육과 학습의 사다리를
다시 잇기 위하여

　이 책은 『당신은 어떤 사회에서 살고 싶으십니까』에서 제시한 사회 구조의 비전을, 교육과 학습의 영역에서 어떻게 구현할 수 있을 것인가에 대한 탐색이다. 그 첫 시도는 학교 교육을 중심으로 한 『대증요법으로 망가지는 대한민국 교육』이었다. 그 책에서는 정책의 임기응변적 대응, 정치화된 교육 논쟁, 공교육의 기능 부전 등 한국 교육의 구조적 문제를 진단한 바 있다.

　이번 책에서는 그 논의의 외연을 직업교육, 직업훈련, 평생학습의 영역으로 확장하였다. 이 과정에서 우리는 교육격차와 기회의 불균형이 오히려 노동시장 진입 이후, 그리고 노년기에 더 심화하며 회복 불가능한 수준에 이른다는 현실을 직시하게 되었다.

문제는 이러한 격차를 국가는 개인의 선택과 책임으로 전가하고 있다는 데 있다.『끊어진 사다리: 각자도생하는 평생·직업교육·훈련』이 주목하는 끊어짐은 다섯 가지 층위에서 구조적으로 발생함을 확인했다.

① 진로가 끊어진다. 학습과 일, 교육과 직업의 경로가 연결되지 않는다.
② 경력이 단절된다. 학습의 성과가 경력으로 이어지지 않고, 기존 경력도 제도적으로 축적되지 않는다.
③ 다양한 학습이 연결되지 않는다. 직업교육, 훈련, 학점은행, 온라인교육 등 제도 간 연계성이 부족하다.
④ 학교 교육과 이후 교육이 이어지지 않는다. 학령기 교육과 성인기 학습이 분리된 체계로 존재한다.
⑤ 결과적으로 사다리가 끊어진다. 생애를 관통하는 학습의 경로가 설계되지 않아, 개인은 반복적으로 출발선에 서야 한다.

그런데 문제는 단순한 제도 설계의 누락이 아니었다. 정작 이를 연결해야 할 주체들(부처와 산하기관)이 먼저 각자도생의 길을 선택했기 때문이다. 부처 간 연계는 이뤄지지 않았고, 정책은 경쟁과 분절로 나뉘었으며, 기관들은 저마다의 생존 논리에 따라 움직여 왔다. 결국, 공공조직의 각자도생은 국민의 각자도생을 구조화했고, 학습자는 정보를 뒤져 스스로 경로를 구성하고, 비용과 위험을 감당하며, 고립된 채 미래를 설계할 수밖에 없는 현실에 놓이게 되었다.

그렇게 학습권은 더는 국가가 보장하는 권리가 아닌, 개인이 스스로 기획하고 책임지는 전략으로 바뀌었고, 학습복지라는 말은 정부 문서 속 수사에 그칠 뿐, 제도적 실체로 자리 잡지 못했다. 청년은 반복된 출발선에 서야 했고, 중장년은 경력을 스스로 재구성해야 했으며, 노인은 학습의 권리조차 체감하지 못한 채 생애 후반기를 맞이하게 되었다. 이 모든 상황은 공공성이 실종된 평생·직업교육·훈련 체계가 남긴 구조적 결과였다.

이로써, 출생부터 노년기까지, 한국 사회에서 교육과 학습에 관한 주요 이슈들을 일단락하여 정리했다. 물론 이것이 끝은 아니다. 앞으로도 정부가 발표하는 교육, 훈련, 사회정책들을 자세히 점검하고, 그에 대한 대안적 설계와 공공적 기준을 제시하는 작업은 계속될 것이다.

즉, '교육과 사회의 대개조 연구소(RESET)'의 'RESET 정론 Essay' 시리즈는 멈추지 않는다. 이 시리즈는 현미경처럼 정책을 정밀하게 분석하고, 동시에 망원경처럼 사회의 방향을 멀리 내다보며, 한 개인의 시선이 아니라, 공동체적 시야로 정책의 정당성과 설계의 타당성을 함께 비판할 것이다. 학습자 중심의 교육훈련 시스템이 만들어지고, 학습복지사회가 구현되는 그 순간까지 말이다.

필자는 정부가 끌고 가는 사회가 아니라, 개인의 자유와 국가의 공적 책임, 사회의 자율이 조화를 이루는 사회를 지향한다. 그 길의 중심에 바로 교육과 학습의 공공성, 그리고 보편적 학습권과 학습복지의 회복이 자리하고 있어야 한다고 본다.

이 책이 갈 길을 찾지 못해 헤매는 수많은 정책과 행정, 그리고 방향을 잃은 채 반복되는 제도 실험들 속에서 작은 나침반이자 멀리 비추는 등대가 되기를 바란다.

사회권이 보장되는, 삶의 질이 충만한 대한민국.
그 미래는 결국, 학습으로 삶의 희망을 찾고, 학습이 미래의 디딤돌이 되는 그런 사회를 만들려는 모두의 실천에서 시작된다.

각자도생하는
평생·직업교육·훈련

초판 1쇄 발행 2025. 8. 14.

지은이 김환식
펴낸이 김병호
펴낸곳 주식회사 바른북스

편집진행 김재영
디자인 최다빈
마케팅 송송이 박수진 박하연

등록 2019년 4월 3일 제2019-000040호
주소 서울시 성동구 연무장5길 9-16, 301호 (성수동2가, 블루스톤타워)
대표전화 070-7857-9719 | **경영지원** 02-3409-9719 | **팩스** 070-7610-9820

·바른북스는 여러분의 다양한 아이디어와 원고 투고를 설레는 마음으로 기다리고 있습니다.
이메일 barunbooks21@naver.com | **원고투고** barunbooks21@naver.com
홈페이지 www.barunbooks.com | **공식 블로그** blog.naver.com/barunbooks7
공식 포스트 post.naver.com/barunbooks | **페이스북** facebook.com/barunbooks7

ⓒ 김환식, 2025
ISBN 979-11-7263-530-5 93300

·파본이나 잘못된 책은 구입하신 곳에서 교환해드립니다.
·이 책은 저작권법에 따라 보호를 받는 저작물이므로 무단전재 및 복제를 금지하며,
  이 책 내용의 전부 및 일부를 이용하려면 반드시 저작권자와 도서출판 바른북스의 서면동의를 받아야 합니다.